U0573606

王颖／著

中国文化的

基因密码

漓江出版社

目　录

第一章　一方水土养一方文化

"醉里吴音相媚好"：江浙地区的文化密码

说到文化，实在是个太广泛的概念。文化是指一个国家或民族的历史、地理、风土人情、传统习俗、生活方式、文学艺术、音乐歌曲、戏剧杂耍、行为规范、思维方式、价值观念等等。中国人现在的文化概念更加广泛，吃饭有文化，喝茶有文化，企业有文化，村庄有文化，宗祠有文化，文化已经是无处不在了。因为涉及太广，想要来谈文化的基因几乎无从"下口"，我们只能以文学为主线，兼涉艺术、戏曲等方面，粗谈一下文化基因的传承。

中国文化、欧洲文化、非洲文化，江南文化、西域文化、八闽文化、黔贵文化，等等，几乎每一个国家、区域、地区，都有自己特定的文化个性、个性文化。"橘生淮南则为橘，生于淮北则为枳，叶徒相似，其味不同。所以然者何？水土异也。"文化具有强烈的地域特色。

中国汉语有七大方言区：1. 北方话（简称：北语）；2. 广东话（简称：粤语）；3. 江浙话（简称：吴语）；4. 福建话（简称：闽语）；5. 湖南话（简称：湘语）；6. 江西话（简称：赣语）；7. 客家话（简称：客语）。

有些语言区地域不大，魅力不强，唯北语与吴语是影响最大的两大方言，不过，当今闽语与粤语的影响也有所扩张。

现在让我们来谈谈吴语区的文化特色。

吴语区，指的是今天上海、江苏南部、浙江、安徽南部、江西东北部、福建北一角。吴语区有长达数千年的深厚历史积淀。

吴语区通行吴语，使用人口约一亿，在国际语言排名中，吴语在中国排第二位，在全球排第十位，是世界上最大的非官方语言。

吴越人性格形成与他们所创造的文化紧密相连。吴字的甲骨文形成时，"吴"与"鱼"同音同义。鱼是水族，吴越人用鱼为姓，以水为生。柔和的水，鱼样的身，没有任何羁绊，滑溜而自由。这个地区的人民无拘无束就有了温和、超脱的空灵，脆柔、变通之圆润，既敏慧、巧智又警醒、多疑。正像《汉书·卷六十四》中所说的"越人愚憨轻薄，负约反复，其不可用天下法度，非一日之积也"、"越人性脆而愚……"。其实北人视之为愚，只是说越人不可训，全无呆笨之意。因为从南方各地出土的文物中可以看出，吴越民族的兵器、农具、陶器等，无不透出聪慧和灵气。

吴越人的聪明智慧，与他们的饮食文化分不开。《史记·货殖列传》又有"楚、越之地，地广人稀，饭稻羹鱼……"，可见鱼虾是生活在水乡的吴越人常食之物，而食鱼虾的人头脑聪明，至今还有此说法。

吴语区相当一部分人喜甜食，口味整体来说偏向清淡的酸、甜、咸，而不喜辣。

南宋宋光宗时，范成大《吴郡志》卷 50 云："谚曰：'天上天堂，地下苏杭。'又曰：'苏湖熟，天下足'。"20 多年后，陆游于宋理宗时撰《常州奔牛闸记》亦称："语曰：苏常熟，天下足。"还有其他几位南宋学者也说过类似的话。他们所述是指吴越地区农业经济繁荣，稻米丰足，只要苏州、杭州、常州、湖州丰收了，整个中国就够吃够喝的了。

当然，这"天下足"，或许并不是指今天中国这偌大疆域，而只是指南宋所能管辖的地区。

追溯历史，吴语区是中国工业文明的发源地。始建于 1865 年的上海企业"江南造船厂"是中国工业文明的第一个典型案例。自强不息的吴越人，持续创造了一个又一个"中国第一"：中国第一家大型民族工业、第一批正规产业工人、第一炉钢、第一台车床、第一支后膛装药步枪、第一门钢炮、第一磅无烟火药、第一艘机动兵轮、第一艘蒸汽推进的军舰、第一艘铁甲军舰、第一艘潜艇、第一艘护卫舰、第一艘导弹驱逐舰、第一台万吨水压机、第一艘万吨远洋货船……

吴越人民世代相袭的聪明才智，非但赋予锦绣江南特有的柔和、秀美，还熔铸出由这些精致文化形式所体现的审美取向和价值认同——重教化、重人才，学风浓郁，蔚成气象。

吴越人在上古时期就"构木为巢，以避群害"，后来也被称为是最早的居住"干栏式"楼房的人类族群。吴越人的建筑风格中，绍兴的桥和苏州的园林最具代表性。那曲曲弯弯、结构精巧的回廊和小巧玲珑、层层叠叠的亭台楼阁，那多姿多彩的拱形石桥，这些建筑在体现吴越人聪慧、灵巧的同时，也体现出他们较圆滑、易转向、善变通又富于幽默的性格。不同的民族有不同的性格，北方的粗厚凝重、讲究和南方的细腻随意、流畅，两种明显的不同风格在这些建筑中表现了出来。

在科举制度盛行之时，吴越地区重视教育，有着浓厚的习文风气，通过科举考试跃龙门的人数不胜数。明清两代共录取202位状元，出自吴语区的就有101人，占了全国的一半。

而说到吴地状元之众，不得不提明朝开国皇帝朱元璋执政时那起惊天动地的科考大案。

明初政局稳定不久，朱元璋开始重视科举考试，视它为网罗天下人才、稳定士民人心的一大措施，洪武年间发生的"南北榜"事件是朱元璋这一政治思想的一次集中体现。洪武三十年（1397年）三月初五，是三年一次会试放榜的日期。参加会试的举子们经过层层选拔，会试高中后，必须参加皇帝亲自主持的殿试，殿试分三甲，一甲三人，二甲赐进士出身，三甲赐同进士出身。

举子们早早来到张榜之地——秦淮河北岸的贡院门前。辰巳时分，考场官员手捧黄榜，在鞭炮声中高悬于辕门之旁，上有五十二名贡士的名字。落榜者心中不平，一位举子突然发现，上榜的人全部是南方人，这一发现引起了北方举子的愤怒，人群大哗，他们向黄榜投掷石块，认为考官偏袒同乡。落第举子成群结队，从贡院来到主管科考的礼部，要求与考官对质。礼部官员请来锦衣卫弹压，但面对群情激奋的大批士子束手无策。很快，南京的街头巷尾贴满了匿名的传单，指责主考官员只选拔南方人，其中必有隐情。考场骚乱发展成一场南北对抗的政治运动。礼部官员不敢隐瞒，向皇帝上了奏本，陈述此事。

会试主考、翰林学士刘三吾为学界泰斗，他为人廉正。本科考试取士都经过再三选拔，没有接受人情请托。他在朱元璋召见时详述经过，认为由于北方一直在元朝政府的直接统治之下，民不聊生，重武轻文，与经济繁荣、文化昌盛的南方相比，举子的文化素养上确有层次差异，才会促成一榜尽是南方人的局面。朱元璋虽然同意这一解释，但要求特选几位北方举子以安定人心。刘三吾拒绝了这一要求，结果被赶出宫城，副主考白信蹈也被停职。朱元璋命令翰林院侍讲张信主持考卷复审。

四月十三日，皇帝亲临奉天殿，听取复审结果。张信当众评点几位北方举子的试卷，认为很有可取之处，但是，他突然掉转语头，将南方卷与北方卷相比，说北方卷确实不如南方卷，一榜尽是南人事出有因。此论出乎全殿官员的意料，也出乎朱元璋的预料。

朱元璋大怒，指责官员官官相护，互相包庇，张信受刘三吾的指使，有意将水平不高的北方试卷送交皇帝审阅。他宣布自己将亲自评卷，以前结果一概无效。张信、刘三吾、白信蹈等人被缉拿下狱，严加追问。礼部无法从官员身上得到所要的口供，便转而施酷刑于他们的家人，给张信罗织的罪名是"为胡惟庸鸣冤，反叛朝廷"，刘三吾、白信蹈等人则被诬为蓝玉余党。此时距胡惟庸之死已有十七年，距蓝玉之死也有五年，朱元璋明知罪名为罗织所致，但为了打击廷臣的反对势力，安抚北方人心，仍将在案人士处以极刑。四月底，张信、白信蹈、司宪、王奢华等被凌迟处死，刘三吾年老免死，发往边疆充军。高中的陈安有行贿嫌疑，于同日处斩。

五月初，朝廷宣布复审结果，新选六十一名贡士全部是北方人，河北韩克忠居首位，第二名王恕，南方举子无一人入选。历史上称此案为"春夏榜案"。

为了避免此类情况的再次发生，洪熙元年（1425 年）设立南北卷制，南卷取十之六，北卷取十之四，宣德、正统年间南北各让五个名额给中部地区，以取得地区间的平衡。

我们不谈朱元璋制造这起冤案的目的，只借此说明重文传统的确造就了江浙人的一个个人才群落。现在人们都注意到，长江三角洲比珠江三角洲的发展更具后劲，其中一个重要原因，就是得益于江浙人的重文传统。

历史上的吴越之地多出才子佳人。近代，吴地率先兴起中国民族工业，崛起于阡陌之间。享名世界的科技界的"三钱"——钱学森、钱伟长、钱三强都是越人。我国"两弹一星"元勋共 23 人，江浙"吴语系"人士至少占据 12 席，他们是王淦昌、赵九章、姚桐斌、钱骥、钱三强、吴自良、陈芳允、杨嘉墀、钱学森、王大珩、屠守锷、程开甲。前些年诺贝尔科学奖获奖的华裔共 8 人，吴人亦居半，即李政道、高锟、朱棣文、钱永健四人。还有数学家华罗庚等也是吴地之人。截至 2007 年，吴语区出了 625 位两院院士，占全国院士总数的 43%。

2015 年，诺贝尔医学奖授予中国药学家屠呦呦，她 1930 年出生于浙江宁波，是标准的吴语区人。

我们还知道，同仁堂的开堂祖师爷乐良才，也是宁波人，他是从明永乐十九年（1421 年）"北漂"到北京来发展的。

2012 年，吴语区的 GDP 总量为 85212.18 亿元，占全国总量（519322 亿元）的 16.41%。

从 GDP 总量看：全国十强城市中，吴语区城市能保证占据三至四席，形成一超多强格局，上海为中国第一大城市。相比于其他很多地区只能诞生一到两个核心城市，甚至出现中心城市和周边城市落差极大的情况，吴语区城市已形成真正意义上的城市群。吴语区的县域经济也十分强大。

从人均 GDP 看：无锡、苏州的人均 GDP 达到 11.74 万和 11.4 万（2012 年），列中国非资源城市的第二、三名，仅次于深圳。而进入十强城市中的成都和重庆人均 GDP 则为 5.76 万和 3.9 万（2012 年）。中国人均 GDP 为 38354 元，吴语区城市（包括皖南赣东的几个地方）的人均 GDP 约为 71205 元，领先于全国平均水平。

江浙一带出文人，但是性格柔弱而缺乏好斗精神是他们的缺点，因此林语堂先生说："你看历代建朝帝王都是出于长江以北，没有一个出于长江以南。所以中国人有句话叫作：吃面的可以做皇帝，而吃米的不能做皇帝。曾国藩不幸生于长江以南，又是湖南产米之区，米吃得太多，不然早已做皇帝了。"

唯一还可讨论几句的是那个陈国皇帝陈霸先，看似一位南方皇帝，但他的原籍是颍川，南渡后才到了吴兴长城（今浙江长兴县）。陈霸先在太平二年（557 年）十月六日，逼迫自己拥立的萧方智让位于己，他称帝后，国号陈，建元永定。

而他的祖籍颍川，辖境相当于今天河南登封市、宝丰以东，尉氏、鄢城以西，新密市以南，叶县、舞阳以北地。最大时管辖至今驻马店地区，这些地方还是在长江以北。所以，不能算作真正吃大米的皇帝。

正是这样一种生态环境，培育出来的吴语也具有鲜明的特征——吴侬软语。吴人说话是轻声细语的，语调柔美而没有尖声大噪。辛弃疾在一首《清平乐》中有这样一句词："醉里吴音相媚好，白发谁家翁媪。"他这个北方人听起吴语来觉得很是柔软、谐美，别样动听。这还是两个老头老太说话，更别说是美女和稚童的脆嗓嫩声了。

有一位美国科学家阿瑟在行旅中看到，翻一座山，走一个镇，就有不同风格的建筑风景。这种山水、泥石、建筑、冰云等等不同特色的地区特征，使他产生了一种感悟，他是这样说出自己的感悟的：

"给我留下深刻印象的是，如果你走进那儿的阿尔卑斯山山脉的村子里，你会看到那些装饰华丽的泰若岭式的屋顶、栏杆和阳台，屋顶上很有特色的沥青、很有特色的三角形拱顶和窗子上很有特色的百叶窗。但我没有把这看作是一幅很美的拼插玩具的图画，而是看到，这个村子里没有一部分是无目的性的，没有一部分不是和其他部分相关的。房顶上刷上了沥青是为了冬天能在屋顶存住适量的雪以隔离严寒，伸延出阳台的三角形屋顶的椽檐是用来防止雪落到阳台上的。所以我曾饶有兴味地看着这些村庄自忖，这部分这样组成是为了这样的目的，那部分那样组成是为了那样的目的，而所有这些部分都是互相关联的。"

他说，给他留下了同样深刻印象的是，当他越过意大利边境到了多罗米克阿尔卑斯山脉的这一侧时，村庄的风格就完全不是泰若岭式的了。没有一样你可以指出来是你在泰若岭见过的。仅仅是因为无数细节的改变，便组成了完全不同的整体。然而意大利的村民们和奥地利的村民们面对的基本上是同样的落雪问题。"我多少次地想，两种不同的文化产生了两种全然不同的、但都具有自我连贯的特有形式。"[1]

"特有形式"，正是这一点让阿瑟的思想产生了飞跃。这对于我们不往这方面去想的人大感迷惑。任何一个地方的地域文化，无论是房屋建筑，还是生活习俗，乃至语言特色，以及那里的民歌、戏曲，都和那个地域匹配得如此天衣无缝、周致合理，若是换了一个样式，就感到格格不入了。四川人说四川话，故意拖腔带调，还美滋滋的，认为是一种享受。而一个离开四川的人，少小离家老大回，一听到家乡的乡音，简直如饮甘醇。这种地域特色，甚至影响到当地人的相貌与性格。有人说，像吴语地区，绿水青山、鱼米竹丛，喝黄酒，食喜淡，言宜轻、话多柔，即使和别人吵架，也像和人说话一样不带火气。还有人说，哪个地方石头有多硬，人的性格就有多硬；哪个地方的山有多

① （美）米歇尔·沃尔德罗普：《复杂》，生活·读书·新知三联书店1997年4月版，第21-22页。

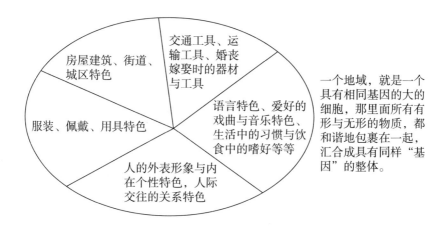

图 1. 一个地域中的人和所有生活因素、娱乐因素都统一在一类"基因"细胞之中

险,人的性格就有多蛮横。

水、土、山、石;房舍、衣物、气候、物候;人物相貌、言辞、语调、歌咏、器乐……以及其他等等,都成了这一地区的特有形式,一旦换了一个地方,又有另外一种风貌。

而且,我们注意到,不同地域的人文与文化特色,也有分形的特点。例如说浙江人,有一个大的特色,但是往下再收缩,宁波人、温州人、湖州人,则又各具特色,再往下细分,一个县、一个区乡,乃至一个村庄,都各有小的区别,都各有语音的差异,也有那里特有的土话,然而任何一个差异的细节,都是那么和谐地融入了这个地区和这个地区的人群中,成为人文与文化的一部分。

拿秦腔言之,秦腔是一个大地区的称谓,它传到哪一个小的地区,就自成了一个流派。秦腔流行于关中东部渭南地区大荔、蒲城一带的称东路秦腔(即同州梆子,也叫老秦腔、东路梆子);流行于关中西部宝鸡地区的凤翔、岐山、陇县和甘肃省天水一带的称西路秦腔(又叫西府秦腔、西路梆子);流行于汉中地区的洋县、城固、汉中、勉县一带的称汉桄桄(称为南路秦腔,又叫汉调秦腔、桄桄戏);流行于西安一带的称中路秦腔(就是西安乱弹)。其中的西路入川后成为独具风格的四川梆子——弹戏;东路在山西成为晋剧,在河南为豫剧,在河北成为梆子,所以说秦腔可以算是京剧、豫剧、晋剧、河北梆子这些剧目的鼻祖。各路秦腔因受各地方言和民间音乐的影响,在语音、唱腔、音乐等方面,又都存在着差异。

析其原因，很可能秦腔的老祖宗是秦、汉甚至唐代咸阳地区京城的唱腔，随着历史与朝代的更替，它开始像泼水一样向四面八方流传开来，本腔的原味中开始不断地掺杂了各个地方的语音特色与当地唱腔，最后成为一种混杂的曲调。这与我们人类的历史传承是一样的，当科学家绘出我们的基因图谱之后，竟能说出"我们的祖先是从非洲大陆迁移来的"这类话，说明在我们基因的长链中，记录着人类一代代迁居、杂交的变迁，这就是基因的连续性与迁变性。

从吴语地区为核心向外散射的波纹——中国民间音乐风格趣谈

一首江苏民歌《茉莉花》，传遍了大江南北、神州大地，甚至传向了世界的各个角落。

据说，《茉莉花》的前身是流传在扬州仪征、南京六合等地的小曲"鲜花调"（又名"仙花调"）。1942 年冬天，新四军淮南大众剧团来到江苏六合八百桥镇金牛山脚下演出，年仅 14 岁的小团员何仿听当地人说附近有位艺人不仅吹拉弹唱是一把好手，更有一肚子的歌。何仿在一间茅屋里找到了那位艺人。艺人很热情，问何仿有没有听过《鲜花调》。何仿摇了摇头。艺人说，这歌在道光年间就有人唱，蛮好听的。说着艺人拉着琴唱了起来："好一朵茉莉花，好一朵茉莉花；满园花草也香不过它，奴有心采一朵戴，又怕来年不发芽；好一朵金银花，好一朵金银花，金银花开好比勾儿牙，奴有心采一朵戴，看花的人儿要将奴骂；好一朵玫瑰花，好一朵玫瑰花，玫瑰花开碗呀碗口大，奴有心采一朵戴，又怕刺儿把手扎。"年轻的何仿一下子就被这首悠扬动听的《鲜花调》迷住了，他花了大半天的时间，不仅用简谱记下了这首歌，而且按照艺人的方法准确唱了出来。《鲜花调》虽然动听，但毕竟来自于民间，词曲上不免有些粗糙。何仿考虑再三，对《鲜花调》动了"大手术"，将歌中三种花改为一种花，更改后的歌词为："好一朵茉莉花，好一朵茉莉花，满园花草香也香不过它，我有心采一朵戴，看花的人儿要将我骂。好一朵茉莉花，好一朵茉莉花，茉莉花开雪也白不过它，我有心采一朵戴，又怕旁人笑话；好一朵茉莉花，好一朵茉莉花，满园花开比也比不过它。我有心采一朵戴，又怕来年不发芽。"1957 年，已是前线歌舞团作曲兼指挥的何仿率合唱队到北京参加全军文艺会演，修改后的六合民歌《茉莉花》一炮打响，不久被正式灌制成唱片，很快在全国流传开来，成了一首脍炙人口的民歌。1959 年，《茉莉花》正式走出国门，在维也纳歌剧院唱响。在这之前，何仿又对歌词作了修改，将"满园花草"改为"满园花开"，将"看花的人儿要将我骂"改为"又怕看花的人儿骂"，旋律上又进一步丰富，在维也纳演出受到高度赞赏。从此《茉莉花》一发不可收，从奥地利唱到苏联，唱到印尼、波兰、匈牙利、阿尔巴尼亚，唱遍了世界各地，还被收入了《世界名曲专辑》。1997 年 6 月 30 日午夜，香港会展中心 5 楼会议大厅，在香港回归祖国政权交接仪式开始之前，中国军乐队奏响了脍炙人口的江苏民歌《茉莉花》；1999 年 12 月 19 日午夜，《茉莉花》再次在澳门回归祖国主权交接仪式现场奏响。2002 年 12 月 3 日，在摩纳哥首都蒙特卡洛举行的 2010 年世博会主办权投票活动现场，中国代表团的申博宣传片中先后十多次响起《茉莉花》的旋律，并以此征服了各国代表和国际展览局的官员。2004 年 8 月 19 日雅典奥运会闭幕式上，《茉莉花》的旋律再次倾倒了全世界的观众。

按照笔者的看法，何仿改词是必要的，但再后来的修改去掉了那句"又怕看花的人儿骂"，似觉有点缺憾。

我小的时候看到过这种茉莉花园，竹篱围起的几亩地，种着一盆盆的茉莉花，门口有一个老伯在椅子上坐着，面前放一杯茶，而椅子旁放着一个瓦盆，装的是掉落的茉莉花朵。那些小家碧玉路过园前，总是缓步张望。那个时候没有什么化妆品，所以摘一朵茉莉花戴是姑娘美化自己的普遍心态，偏是那个老伯一副尽心尽职、铁面无私的样子，所以路过的姑娘只得无奈地走开。当然，也有一些姑娘受不了茉莉花香的诱惑，递上一个铜钱，换得两朵落地的枯萎前的茉莉花，边走边插在了头上。原歌词正是描写了那个时候江南的这种特有风景，包括一些生动的细节，是现在的人不能理解的。如现在的歌词"让我来把你摘下，送给别人家"、"我有心采一朵戴，又怕旁人笑话"，就脱离了那种感觉。在那个时候，还没有自己家里随便种几盆茉莉花，可以任由一个姑娘自由采摘的状况，另外，苏州姑娘头戴茉莉花是一种时尚，不存在怕旁人笑话的说法。

当然，这是题外的话了。

这很有点像肖邦与《玛祖卡》舞曲。

"玛祖卡"发源于波兰风光明媚的玛佐夫舍地区，它的节拍和韵律充满了浓厚的波兰民族气息，被誉为"波兰的民族之魂"。在寓居他乡的肖邦心中，玛祖卡不仅仅是一种民间舞曲，更是祖国的化身。因此他一生中从未间断过对这一民族体裁的创作，共写了 58 首玛祖卡，每首都倾注着肖邦对祖国的思念之情。肖邦的玛祖卡几乎全是短小但完美的艺术珍品，肖邦称之为"人民生活中的图画"，是一颗颗"音乐的珍珠"。

这都说明了，愈是生长于民间地区的特色音乐，就愈具有世界的共性意义。

这一点并不是我们此书中的内容，我们想说的是，像《茉莉花》这样柔和美妙的音乐，正是长江三角洲吴语地区的音乐代表作。

如果我们把民歌曲调（或者戏剧）定一个标尺，一级是柔软度大而刚硬度小，二级是柔度适中刚度也适中；三级则是柔度弱而刚度强的作品，那么位居吴语中心的江苏与浙江的民歌肯定是属于第一个等级的。我们可以根据这一标尺将中国民歌分为几个柔和度等级，可以想象有一块石子投进了吴语区的中心，如扩散的涟漪，层层发散开去。

第一个波纹圈是吴语区：柔和度为一级。

浙江民歌如《采茶舞曲》。

江苏民歌如《茉莉花》《太湖美》《无锡景》《拔根芦柴花》。

其中，《拔根芦柴花》虽然也是江苏民歌，但是是苏北扬州的民歌，属于邵伯秧号子，起源于古代繁重的栽秧农活中，用于解乏助兴，似乎硬度又添加了一些。

第二个波纹圈是吴语区的外围，刚度稍有增强。

江西民歌如《十送红军》《映山红》。

安徽民歌如《凤阳花鼓》《八月桂花遍地开》。

福建民歌如《采茶扑蝶》。

台湾民歌如《九月秋风来》《阿里山的姑娘》。

其中，《阿里山的姑娘》虽然也是台湾民歌，但是是属于台湾地区原住民的民歌，硬度又略比校园歌曲硬了一些。

第三个波纹圈的地域更扩大一些，包括山东、河南、湖北、湖南、河北等地的民歌。

湖南民歌如《刘海砍樵》《浏阳河》《辣妹子》。

湖北民歌如《龙船调》《洪湖水浪打浪》。

山东民歌如《沂蒙山小调》。

河南民歌如《编花篮》。

北京民歌如《对鲜花》。

第四个波纹圈可以是四川、山西、陕西、青海、甘肃民歌，这些歌曲音色更加嘹亮，刚度更加提升，硬度又强化了一些的。

四川民歌如《康定情歌》《太阳出来喜洋洋》。

陕西民歌如《三十里铺》《绣荷包》《赶牲灵》《兰花花》《五哥放羊》。

青海民歌如《下四川》《四季歌》《在那遥远的地方》《花儿与少年》《青溜溜青》《半个月亮爬上来》。

还有最外围一个波纹圈，属于中国的边疆省与自治区，如内蒙古、新疆、西藏、云南、贵州、广西地区的民歌。这些地区的少数民族民歌都在各异的生态环境中保持着个性的特色，其刚柔的程度得具体情况具体分析，难以一言以蔽之。

例如，内蒙古的长调。其音乐特点为音调高亢，音域宽广，曲调优美流畅，旋律起伏较大，节奏自由而悠长，多采用复合式节拍。词曲结合则"腔多字少"，常用甩腔和华彩性拖腔，以各种装饰音（诺古拉）点缀旋律。

根据蒙古族音乐文化的历史渊源和音乐形态的现状，长调可界定为由北方草原游牧民族在畜牧业生产劳动中创造的，在野外放牧和传统节庆时演唱的一种民歌，由于地域开阔，人烟稀少，寂寞的歌手可以由着劲地高声大喊，拉腔拖调。

而青藏高原是中国最大、世界海拔最高的高原。那里的民歌必定高亢嘹亮，曲调悠扬，听起来就有高原耸立，蓝天辽阔的气象。

这就是说，无论是蒙古民歌，还是西藏民歌，都牢固地打上了各自地域的烙印。

笔者也知道，这种分类法是否全然合理，可以商榷，所举的例子是否有牵强之处，也大可讨论。因为我们列举的民歌大都是几十年里现代音乐家改编的，有些还是现代音乐家的创作歌曲，虽然他们是依托民歌曲调的创作，但也已经是"变味"了，不再是原汤原水、原风原貌。另外像云南的《月光下的凤尾竹》是傣族的歌曲，傣族是个温和善良的民族，他们柔和的性格与吴语区的民众有类似之处，所以歌曲也具有了相当的柔和度。因此，我们考察少数民族的民歌的时候，就必须注意到他们的生活场景以及这个民族的性格特点等等方面。

我们这里只想说出这样一个事实，随着吴语区向外拓展，柔度的确在减少，而刚度的确在增添。

中国的所有戏曲也具有同样的特点。

具有最大柔和度的是苏州评弹、越剧、沪剧、锡剧等，第二圈就是河南豫剧、山东吕剧、湖南花鼓戏，再外一圈就是河北梆子和陕西秦腔……

越剧是中国主要戏曲剧种之一，起源于浙江嵊州，目前为中国大陆第二大戏曲剧种。它曲调婉转柔美，小提琴协奏曲《梁祝》的主旋律就采用了越剧的曲调。越剧原来只流行于江浙沪一带，后来流传于全中国，广受欢迎。它几乎没有高音尖嗓，连剧中的男角都是由女性扮演的。柔美与高雅是它的特色。

有一篇博客作者是这样写她观看和痴迷越剧的：

江南越剧，柔美蚀骨

第一次看到的越剧是越剧电影《红楼梦》，徐玉兰和王文娟精彩的演唱感天动地。应该是在"文革"后期吧，被禁锢多年的好多文艺剧目重又被搬上舞台，印象最深的当属越剧电影《红楼梦》。不大的会堂里挤满了人，就连过道里也坐满了观众，还是黑白片的电影，贾宝玉和林黛玉悲惨的爱情结局让满堂观众哭得梨花带雨，在悲悲切切的空气里让我记住了越剧，从此爱上了这个美丽的剧种。

出生在北方的我独爱江南的一切，烟雨重楼，丝竹洞箫，撑着油纸伞走在雨巷的丁香一样的姑娘，肩挑菜篮匆匆走在薄雾里的菜农，咯吱咯吱的扁担声响如一曲乡村音乐，抑扬顿挫。就连菜市场里都流露出绵柔和一丝不苟的精细。还有坐在藤椅里听越剧的阿婆，随着音乐的起伏，手里的蒲扇变成了小姐的团扇，啊呀忘情地哼着曲儿，清新如四月的春风，吴侬软语尽显江南人文之美。

女子越剧，一百多年来，越剧舞台上活跃着多个派别的名家，印象最深的当属王派和徐派，定格在林黛玉肩背花锄、背影婆娑的葬花一节，焚稿的清泪直直地流到今天，而贾宝玉的哭灵感天动地，白茫茫大地真干净让这个爱情悲剧画上了句号。黛玉的柔弱透着刚烈，她的娇媚是纯洁无瑕的，像江南的绿柳，柔得蚀骨，让观众心生疼惜。梁山伯、祝英台、孟丽君、崔莺莺、红娘……台上才子佳人，台下舞台姐妹，越剧的美在于江南女子的那一份独有的柔情。她没有国粹京剧的华贵高亢，也没有豫剧中原大地的尘土气息，也不似黄梅的婉转通俗，评剧里的一丝悲情也抵不过越剧的柔，这个柔只有在江南湿润的气候里，也许是独特的地域和风情让莺声燕语更动人吧。

是越剧柔美蚀骨的魅力倾倒了她。

而发源于陕西的秦腔却没有这种味道。它的表演朴实、粗犷、细腻、深刻，以情动人，富有夸张性。它的唱腔慷慨激昂，宽音大嗓。秦腔唱腔为板式变化体，分欢音、苦音两种，前者长于表现欢快、喜悦情绪；后者善于抒发悲愤、凄凉情感。依剧中情节和人物需要选择使用。板式有慢板、二六、代板、起板、尖板、滚板及花腔，拖腔尤富特色。主奏乐器为板胡，发音尖细清脆。

这与陕西的地貌有关。

那里的地形崎岖不平，地貌主要以高原、山地为主，平原面积较小。山地总面积，占全省土地总面积的36%，高原占总面积的45%，平原占总面积的19%。

如果一个放羊娃站在这个黄土高坡上，想要与对面的女娃说话，他讲的情话也必须要高门大嗓地喊出来，不然对方是听不见的。而在没有人的时候，他想唱几嗓"信天游"，就由着性儿吼好了，没有谁会站出来纠正他："声音小一点行哇，吵死人了！"这种地理特点，形成了那里的戏曲也是尖声大喊的，因为嗓门儿越尖，声音就传得就越远。

这让我们明白了，什么样的生存环境，就有什么样的文化艺术。

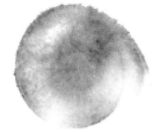

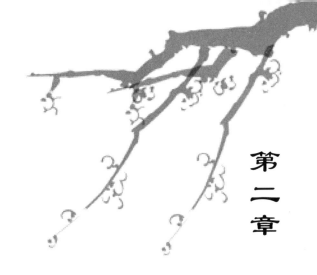

第二章

给古代诗词进行DNA『亲子鉴定』

　　自从沃森与克里克发现了基因结构之后，人类在亲缘关系的认识上有了一个本质的提升。今天的警察破案、战争尸骨归亲及亲子鉴定几乎都离不开由此产生的科技检测技术。令我们拍案称奇的是，基因是如此神奇地"寄身"于人体细胞之中，血液、毛囊、精液中都存在着一个人的特定基因，检一发而定万里之外的亲缘关系已不再是天方夜谭。

　　利用 DNA 进行亲子鉴定，只要做十几个 DNA 位点检测就可以了，如果全部一样，就可以确定亲子关系，如果有 3 个以上的位点不同，则可排除亲子关系，有一两个位点不同，则应考虑基因突变的可能，再加做一些位点的检测进行辨别。DNA 亲子鉴定，其准确率可以达到 99.99%。正因为它的准确程度最高，所以各国的法律都认可基因检测这项技术的检测结果是一个可以提供堂上证供的关键证据。

　　这本书，并非是研究人基因问题的书，而是研究人的文化（作品）"基因"问题的书。

　　不知道读者会不会相信这样一个结论，一位诗人或作家，一位书法家或画家，在他写出的每一首诗词中、绘出的每一幅书画里，都蕴含着他的个性基因。我们用检测作品的方法，可以查出这个作品是谁写的，是谁画的，哪怕这个作品已经过去数百年甚至几千年了。

读宋词，猜作者

让我们试着测试一首诗词作品。先隐去这位作者的姓名。

酹江月

乾坤能大，算蛟龙，元不是池中物。风雨牢愁无著处，那更寒蛩四壁。横槊题诗，登楼作赋，万事空中雪。江流如此，方来还有英杰。

堪笑一叶漂零，重来淮水，正凉风新发。镜里朱颜都变尽，只有丹心难灭。去去龙沙，江山回首，一线青如发。故人应念，杜鹃枝上残月。

需要提醒的是，这首词是照着苏轼《念奴娇·赤壁怀古》的格式来写的，用韵相同，即词中每句末字的韵都为苏词中的原韵。

这同韵作词的手法，让我们做出了第一个判断：这位词人肯定生于苏轼之后，或许是属于北宋后期到南宋年间的人物。

从词的前三句看，这是一位志向极大的豪杰，自比蛟龙，想要一飞冲天。然而，再看四五句，又让我们纳闷：难道他身心不自由？"牢愁"、"寒蛩四壁"，可知他感受到的是四面而来的压迫。当然，要真是一条蛟龙，即使一时受困，也有"长风破浪会有时"的一天的，他应该继续写一些激励自己的话了吧？不，后面仍然是一发一收，一张一缩。曹操横槊赋诗，王粲登楼作赋，志向气魄够大，结果只不过都是"空中雪"，一旦化去，就成烟消云散。上阕最后两句更是怅然无奈：自古来江水就是如此流淌的，我也没有办法了，只等将来的英雄豪杰来收拾局面吧！

在一放一收、一伸一缩中，我们看出这位豪杰已经是英气散尽，气概全无了。

下阕行文依然如此，但是有两句词值得提出来议论一番："镜里朱颜都变尽，只有丹心难灭。"

诗词的意旨是泛向性的，"镜里朱颜都变尽"，可以解释为江山变色、词人老去，但是他"只有"——只剩一点丹心还没有变色，那是他最终的坚守。

最后的结尾句"故人应念，杜鹃枝上残月"应解释为：不必挂念我，应该多念及亡国之恨啊！

为什么最后句能看出亡国之象呢？因为杜鹃是一种怨鸟，传说为丧国之君的望帝所化，而残月说的是将尽之月，加在一起，其意旨可谓明确。

让我们联想一下，"只有丹心难灭"，难道不是和"人生自古谁无死，留取丹心照汗青"一个意思吗？莫非这位词人就是文天祥？

不错，写这首词的正是文天祥。这是他反元失败被俘，被关押在南京时候所写，当时大约43岁，这个年龄，在他生活的那个年代，再加上"牢愁"，说"朱颜都变尽"是恰如其分的。

我们在词中嗅出了许多的因素：国已亡，人被捕，文武全才却壮志难伸而转向心灰意冷，只好将一颗不变的丹心保持到永远。那么，宋朝词人符合这些因素、有这样的结局和心境的人，恐怕除了文天祥再没有第二个了吧？

以诗词找出作者，那是因为词中有作者"基因"的原因。

如果我们拿文天祥的词与押同一个韵辙的苏轼词作一比较，就可以看出他们在文章的气势、气韵、顿挫上存在着明显的差别。请看东坡先生的词，"大江东去，浪淘尽，千古风流人物""遥想公瑾当年，小乔初嫁了，雄姿英发。羽扇纶巾，谈笑间，樯橹灰飞烟灭"，其气势宏大，意气扬扬，节奏流畅，真像那无堵无阻的长江水，奔腾汹涌，一泻而下。而文天祥的词呢？读起来就像是"谁谓天地宽，出门便有碍"一样，处处疙疙瘩瘩，气流受阻，一扬一抑。我们猜想，也许深陷囹圄的文天祥知道，想让这首词被友人看到，先必通过元朝监守的审查关吧，所以写得十分婉转、含蓄又不那么痛快、爽朗？

但又不尽如此。

谁吐的气，谁发的声，谁写的文字，都是骗不得人的，都是他"这一个"——时代、个性、年龄、心态、抱负、文风、底气的综合反应。反之亦然，所以我们通过对诗词中表达出来的因素的分析，就可以交叉地锁定这首诗词的作者是谁了。

可见，文天祥这首词的风格正如他当时的境况、心情，在阴暗的铁栏中只能看到外面的一栏秋色。

读宋词，观兴衰

用诗词来观察作者所处的那个时代的风貌，或者说是社会背景，也是十分容易的事。

例如，杜甫颂扬李白那份傲视权贵的骨气的词句："李白斗酒诗百篇，长安市上酒家眠，天子呼来不上船，自称臣是酒中仙。"我们听来十分过瘾，粗想这个李白真是了不得，天子下旨叫他，他还竟敢不睬不理、爱去不去的。但是细一想，这也说明风流天子唐玄宗还是有相当容人雅量的，以此推及当时的政治氛围还是比较宽松的。要是皇帝发了火，"把这个不知好歹的李白给我绑来"，再治他不敬之罪，今后李白与其他狂傲的诗人们还能够抗旨不来吗？所以，不同的时代有不同的气象，不同时代有不同的诗词，这说明了诗词里也包含着那个时代的基因。

我们再以南宋前、中、后期代表词人的词为例来分析，看看词人是如何细致地表现出所处时代的背景的。

一、岳飞词：

满江红

怒发冲冠，凭阑处、潇潇雨歇。抬望眼、仰天长啸，壮怀激烈。三十功名尘与土，八千里路云和月。莫等闲、白了少年头，空悲切！

靖康耻，犹未雪；臣子恨，何时灭？驾长车，踏破贺兰山缺。壮志饥餐胡虏肉，笑谈渴饮匈奴血。待从头、收拾旧山河，朝天阙！

绍兴四年（1134 年）秋，也就是南宋第一个皇帝宋高宗时代，岳飞第一次北伐大获全胜。八月下旬，宋廷擢升岳飞为清远军节度使。当旌节发到鄂州（今武昌）时，全军将士欢欣鼓舞。一天，雨歇云散，江山明丽，岳飞凭栏远眺，感慨万千，吟咏了这首词。

虽然岳飞怒发冲冠，气愤于朝廷的不北伐政策，气愤于议和派的在背后诋毁、诬陷，但是他还能强劲地发声，直言地呼喊："靖康耻，犹未雪；臣子恨，何时灭。驾长车，踏破贺兰山缺。壮志饥餐胡虏肉，笑谈渴饮匈奴血。待从头，收拾旧山河，朝天阙！"

所以今人读起这首词来，不禁拍案而起，大声称快。

二、辛弃疾词：

鹧鸪天

壮岁旌旗拥万夫，锦襜突骑渡江初。燕兵夜娖银胡觻，汉箭朝飞金仆姑。

追往事，叹今吾，春风不染白髭须。却将万字平戎策，换得东家种树书。

此词具体写于何年不得而知，但学者多认为是辛弃疾晚年时作品，写于他五十几岁时。那时辛弃疾正在家中闲居。上阕忆旧，回忆他 23 岁时，投入山东忠义军耿京幕下任掌书记。那是宋高宗绍兴三十二年（1162 年）的一件英雄业绩。辛弃疾带了五十余骑，连夜奔袭金营，突入敌人营中，擒了叛徒张安国，明正国法。下阕写他现在的状况，人已老，朝廷不让提抗战之事，更不重用他。他只好"却将万字平戎策，换得东家种树书"了。

据考证，此词大概写于光宗末年至宁宗初年，距岳飞写《满江红》已过去了 60 多年，到了南宋的中期阶段。南宋朝廷偏安于临安，过得有滋有味，皇帝再不愿和金国打仗了，主和派占据了绝对优势，抗战派动辄得咎。所以，辛弃疾只得好汉提了当年勇，一想到自己的年龄、处境与国家的政治状况，就又转向灰心丧气，用今天股票上的词汇，就立即"冲高回落"了。

此词中，辛弃疾的声音还算有些豪气，但已没有了岳鄂王的响亮。

三、文天祥诗：

过零丁洋

辛苦遭逢起一经，干戈寥落四周星。山河破碎风飘絮，身世浮沉雨打萍。惶恐滩头说惶恐，零丁洋里叹零丁。人生自古谁无死，留取丹心照汗青。

此诗写于宋末帝赵昺祥兴二年（1279 年）十二月，文天祥战败被元军所俘，囚于过零丁洋的战船中。

诗作距辛弃疾写词的年代又过了 80 余年，是南宋灭亡之时。

我们等分南宋 152 年的历史，这三首作品正好是早、中、晚三个时间的节点。

虽然在岳飞所在的年代里，也是一个不想"还我山河"的年代，但是我们仍能看出三人诗词中的气象是大不相同的。

岳飞词何等慷慨激昂，壮怀激越。而辛弃疾的词，发少年豪气，又突然气势下挫，转成了"却将万字平戎策，换得东家种树书"的无奈与丧气，也还算是有些许霸气泛起的浪花。而到了文天祥这里，则尽是"山河破碎"、"身世浮沉"、"说惶恐"、"叹零丁"这类没气力没豪气的词汇了。词人的词，镶嵌在特定时代的缝隙里，是何等的正确与贴切。

从诗词中我们不难看出，南宋朝廷可谓一代不如一代，灭亡的结局是可想而知的了。

以上是诗词所反映的时代的基因，不唯如此，诗词也能反映一个人从青年到老年不同时期的基因变化。

我们以衔接于北、南两宋时期的李清照的词作例。

如梦令

常记溪亭日暮，沉醉不知归路。兴尽晚回舟，误入藕花深处。争渡，争渡，惊起一滩鸥鹭。

少女时代的李清照简直和我们今天的少女一样，一副萌妹子的任性与疯狂。

永遇乐

落日熔金，暮云合璧，人在何处？染柳烟浓，吹梅笛怨，春意知几许？元宵佳节，融和天气，次第岂无风雨？来相召，香车宝马，谢他酒朋诗侣。

中州盛日，闺门多暇，记得偏重三五。铺翠冠儿，捻金雪柳，簇带争济楚。如今憔悴，云鬟雾鬓，怕见夜间出去。不如向，帘儿底下，听人笑语。

老年做了寡妇的李清照，孤老无助，内心寂寞，怕被人看到她的风鬟雾鬓，只好躲在帘子底下，偷听别人笑语。这种心境，跟年少时的天真活泼、率真而为相距多大啊！

就算都处于"晚年"时刻，由于处境与心境的不同，不同的人，词的味道是完全不一样的。

得志的皇帝刘邦晚年回到家乡，高唱起了《大风歌》："大风起兮云飞扬，威加海内兮归故乡，安得猛士兮守四方！"其意是说，现在我的威势已满贯海内，只要寻找猛士来帮助我守卫疆土就成了。这种说话的口气，何等志得意满。

而丢了江山又行将失去美人的楚霸王则是另一番光景。

请听《垓下歌》："力拔山兮气盖世，时不利兮骓不逝。骓不逝兮可奈何，虞兮虞兮奈若何！"

当年"气盖世"的威风已成过去，英雄走到了末路，乌骓马不肯离我而去，虞姬怎么处置也不让人心安，我死了怎么办呢？从不向任何人低头的项羽也没了脾气，垂下了高贵的头颅。

被俘的南唐后主李煜，回忆离国北去的时分时这样写道，"一旦归为臣虏，沈腰潘鬓消磨。最是仓皇辞庙日，教坊犹奏别离歌，垂泪对宫娥。"这位降帝的心情又是何等的凄惶。

李煜的这首词是《破阵子·四十年来家国》，词的前半阕还有这样几句："四十年来家国，三千里地山河。凤阁龙楼连霄汉，玉树琼枝作烟萝，几曾识干戈？"

这就看出李煜与楚霸王的不同，他是个从不识干戈的文人皇帝，而楚霸王则是以武力打遍天下的霸王，两人写出来的词每一句每一个字都具有不一样的意味。李煜绝不会说他"力拔山兮气盖世"，项羽也绝不会说自己"几曾识干戈"，如若真的那样，就成了千古历史大笑话。在这些诗词中，我们嗅到了李煜词中"落花流水"的气息，听到了西楚霸王诗中"折戟沉沙"的声音。

古人的诗词作品，尤其是写自己心情的作品（而非戏剧中模仿人物的言语），其基因特征是何等鲜明地镌刻在每一行字句里，让我们不用深想就能够找到。

"亲子鉴定"逐步解析贾谊《吊屈原赋》

作品就如作者生的"孩子"，在这件作品的内容里，包含着作者大量的基因要素。如果我们也采取 DNA 分析的方法，就能够找出作者与作品许多的共有位点来。

以下是我们选用的"亲子鉴定"的文化基因位点。

让我们设想为作者与作品编制出他（它）们的一些位点来：

1. 所处朝代的状态（强盛期还是衰落期，稳定期还是动乱期）。

2. 最高统治者状态（专制还是民主，精明还是昏庸）。

3. 作者生存的环境（自由还是受压，宽松还是憋屈）。

4. 作者生存状态（富裕还是贫穷，升职还是被贬）。

5. 作者身体状态（健康还是病态，年轻还是衰老）。

6. 作者的性格（豪放还是内敛，不拘小节还是唯唯诺诺）。

7. 作者的势能状态（位高还是位低，能借势还是不能）。

8. 作者心理状态（得意还是失意，郁愤还是宽怀）。

9. 作者写诗时的具体情绪（是无愁无怨，还是心事纠结）。

10. 作者从诗词中透露出来的意思（是积极进取，还是消极遁世）。

11. 作者对自己未来（或者是后事）的期许（是自我完成使命还是寄托友人，或者是灰心丧气）。

······

要是以上这些位点都人诗相合，那么，我们就可以轻而易举地判断某一个作品一定是这个人写的而非是另一个人所写。

当然，这对于一件作品而言并没有多大的意义。因为每一件作品是谁写的，在各种诗词选集或专著中都有姓名标出，无须去作"亲子鉴定"，只不过进行一次如此的分析之后，我们就可以更深刻地认识作者为什么会写出这样的诗作来，以及诗作中内含的意义。

而更有实在意义的是，它就像是一个人的"脸谱"、"掌纹"或"指纹"，令我们看出一些内在的意思来。

我们以贾谊的《吊屈原赋》为例加以说明。

文帝四年（公元前 176 年），贾谊被贬为长沙王太傅，很是失意；在渡湘水时，写了一篇赋以吊屈原。

用今天的话来说赋文的意思如下：

> 敬承（皇上的）恩惠，（让我）任职长沙。我听说屈原，自沉汨罗。寄托湘水，（我来）敬悼先生。遭遇无道，乃至丧身，可悲可叹，逢时不祥。凤凰伏地，枭鸟翱翔；小人尊显，谗佞得志；圣贤颠倒，方正倒置。世称伯夷贪，反说盗跖廉。镆铘宝剑钝，铅制刀枪利。先生无故，默默失意。丢弃宝鼎，反认为瓦壶珍贵。疲牛驾辕，跛驴拉套。良马垂耳，重负盐车。礼帽垫鞋啊，势不可久。先生命苦啊，独遭此祸。

> 算了吧！整个国家没人了解我，独自愁郁又能向谁说？凤凰飘然向高处飞去，自己原本来就打算远走高飞。效法深渊中的神龙，潜藏渊底来保护自己；弃离了蟂獭去隐居，怎么能跟蛤蟆、水蛭、蚯蚓混在一起？我认为珍贵的是圣人的神明德行，要远离污浊的世界而自己隐居；假使骐骥也能够被羁绊，怎么能说与狗、羊有分别呢？盘桓在混乱的世上遭受祸难，也有您夫子的原因。无论到哪里都能辅佐君主，又何必留恋这个国家呢？凤凰高翔于千仞，看到人君道德闪耀才降落下来；看到德行卑鄙的人显示危险征兆，就远飞而去。那窄窄的小水沟，怎么能够容下吞舟的巨鱼？横行江湖的鳣鱼、鲸鱼，（出水后）也将受制于蝼蚁。

贾谊（公元前 200 年—公元前 168 年）是汉文帝时的一个宠臣，著名的政论家、文学家。他 18 岁即有才名，20 余岁被文帝召为博士。不到一年又被破格提拔为太中大夫，当时的法律议定与更正都由他负责。但是在 23 岁时，因遭到周勃、灌婴等老臣的忌恨，汉文帝听信谗言，将他贬为长沙王的太傅。

此首《吊屈原赋》，就是在这个时间写的。

贾谊少年得志，受到皇帝的器重，过去没经受过什么挫折，一帆风顺惯了，却突然被贬，到了藩国当了一个没有实权的官员。这跌宕起伏实在太大，心理负担更为严重，所以他在赋中反反复复说这个世界颠倒了——小人尊显，谗佞得志；圣贤易位，方正颠倒。

在文中，屈原的牢骚成了他的牢骚，屈原的委屈成了他的委屈，而哀悼屈原，其实是在哀悼自己。

再者，这时的贾谊既是惊弓之鸟，也疑神疑鬼得厉害。有一天，一只不祥之鸟飞到他坐的地方来了，这把他吓得够呛，于是写了一篇《鵩鸟赋》加以化解，白话译文大意如下：

> 汉文帝六年，丁丑年，四日孟夏时节。四月里的一天太阳西斜时，有一只鵩鸟停在我的屋子上。它停在座位的一角，形态非常的从容不惊。有怪物停栖于此，我心中暗中怀疑它飞来的缘故。打开书本占卜它，预示说到它吉凶的定数："有野鸟进入我的房屋，主人即将离去。"我请求向鵩鸟发问："我将要到哪里去呢？如果有吉事，你就告诉我；即使有凶事，也请你把什么灾祸说明。死生迟速的吉凶定数啊，请告诉我它的期限吧。"鵩鸟就叹息着，昂起头张开翅膀飞走了。

根据上面两部作品的情况，让我们来分析这个作者与作品的"基因"位点吧，不必展开来说，只需要说一说以下几个方面的情况：

作者的性格——谨慎、胆小、狐疑，迷信很重。

作者的势能状态——突然从高位跌落，从中央被贬到地方，势能消减。

作者心理状态——这是他第一次经受挫折，没有经验应对，也没有准备，失意、郁愤满怀。

作者写作时的环境——正好是屈原投江的地方，加重了他的伤感。

作者写诗时的具体情绪——以屈原同比，抱怨朝廷不识忠心不辨人才，心事无限纠结。

作者从赋中透露出来的意思——想要超脱，想要离开，想要飞升，比屈原显得更为迫切。

真正是"感时花溅泪，恨别鸟惊心"啊，这样一个患得患失的人，这样一个疑神疑鬼的才子，他能够活得久远吗？恐怕不能吧。

于是贾谊33岁便忧伤而死。他这颗明星的升起与殒殁，仅有10年时间。

第三章 从诗词的传承

看隐藏在文学中的基因

最早最高的文化标杆

中国文化的历史，应当说是最幸运的历史。

世界上有四大文明古国，除了中国，还有：

古巴比伦：约公元前 3500 年—公元前 729 年，位于美索不达米亚平原，大致在当今的伊拉克境内。大约在公元前 2250 年左右，居住在这里的苏美尔人发明了楔形文字，使两河流域进入了有文字记载的历史时期。到公元前 18 世纪，这里崛起了古巴比伦王国。

古埃及：距今 9000 多年前，人们在尼罗河河谷定居，开始在岸边建立房屋，并进行农业和畜牧业生产活动。在尼罗河上游河谷地区和入海口三角洲地区分别形成了上埃及和下埃及两个国家，象形文字也在这个时候出现，并沿用了 3500 余年。

古埃及通过纸草留下来的著作不多，上古王国和中古王国时期流传的作品，大多是一些"预言"、"箴言"、"训诫"之类的文献。公元前 47 年，凯撒大帝进攻埃及的时候，战火波及亚历山大里亚城图书馆。数十万册以古埃及文字书写的经卷付之一炬，其中包括当时最完整的埃及史。

古印度：早在公元前约 2500 年，在现今巴基斯坦，文明即已滋生，古城哈拉巴及穆罕耶达罗的遗迹留有许多早期文明的烙印。这一时期，居民已有度量衡及文字，并挖凿沟渠及运河。

古印度人在诗歌、史诗和宗教方面为后人留下了丰富的文献，最早的一部宗教诗被称为《吠陀》，之后，又产生了史诗著作《摩诃婆罗多》与《罗摩衍那》。《摩诃婆罗多》的成书年代约在公元前4世纪至公元4世纪之间，此书10万颂（每颂两行）。《罗摩衍那》最初只是口头流传，增增删删，因人因地而异。写成以后，仍无定本，其成书年代约在公元前3、4世纪至公元2世纪之间。

自然，我们不应忘记在印度还出了释迦牟尼，并诞生了佛教。

不过，还有学者提出，应当加上古希腊与古罗马。

古希腊文学作品包括荷马的两部史诗、赫西俄德的《神谱》和古希腊戏剧。《伊利昂纪》和《奥德修纪》是古希腊最早的两部史诗，一般认为是吟诵诗人荷马所作，产生于公元前8世纪。公元前3世纪至2世纪，经亚历山大城的学者审校、定本，这就是流传至今的"荷马史诗"。

古希腊的哲学著作有柏拉图的《理想国》，亚里士多德的《形而上学》《工具论》《政治学》，另外还有马可·奥勒留的《沉思录》等。

这些文明古国在公元前5世纪到公元元年这500多年时间里，可谓著作甚丰，但是比起中国来，它们还有这几个方面的差距：

一、由于战争或其他原因，许多国家保存下来的文献并不多。

二、缺乏中国诸子百家那样集群出现的繁华景象。

三、没有像中国那样涵盖生活各个方面的多类著作。

四、不少文献与著作缺少中国著作的高屋建瓴的质量。

中国的文献与著作虽然也经历了秦始皇焚书坑儒的阶段，但这种焚烧是有选择的，六国史书烧掉，保留《秦纪》《诗》《书》等著作，除博士官收藏的以外，其他的藏书都集中到郡，由郡守监督烧掉；医药、卜筮、种树等书不在烧禁之列。

再加上即使大力收缴，在民间也还有"漏网"之书。

所以，作为一个中国人是幸运的，作为一个中国文人更加幸运。

从战国后期"百家争鸣"阶段，到秦朝统一中国，这500多年的时间，是中国历史上最为光辉灿烂的时代，各派学说争芳斗艳，奠定了中国思想与文化坚实的基础。

先秦的十大哲学家包括：老子、庄子、孔子、孟子、墨子、荀子、韩非子、孙子、惠子、公孙龙。

先秦文学家包括：

屈原，战国时期楚国诗人、政治家。屈原是中国历史上第一位伟大的爱国诗人，中国浪漫主义文学的奠基人，被誉为"中华诗祖"、"辞赋之祖"。他是"楚辞"的创立者和代表作者，开辟了"香草美人"的文学比兴传统。屈原的出现，标志着中国诗歌进入了一个由集体歌唱到个人独创的新时代，其主要作品有《离骚》《九歌》《九章》《天问》等。

孔子，他编著的《春秋》是我国第一部编年体断代史，是编年体史书之祖，其体例和"笔法"对后世散文都产生了重大影响。

庄子（庄周），代表作《庄子》。其玄远、高深的哲学思想迄今无人超越，同时在文学上也代表了先秦散文的最高成就。庄子的文章，想象力无比强大，文笔变化多端，具有浓厚的浪漫主义色彩，并采用寓言故事形式，富有幽默讽刺的意味，对后世文学语言有很大影响。

左丘明，他所著的《左传》，有一气呵成之势，是我国第一部记事详备的编年体史书，也是先秦历史散文中思想性和艺术性最为突出的著作。

此外，这一时期还有《论语》《墨子》《老子》《孟子》《荀子》《韩非子》《吕氏春秋》等文献与著作。

古人的这些著作精义，为我们中国文化与知识的传承建立了一个很好的标杆，因为这些书起点都很高，思想与立论都很精到，又涵盖了我们的精神世界与生活、做人准则，不但曾启迪了2500余年一代又一代的我们的祖辈和前辈，也仍然能够启迪今人和我们的后代，成了中国人代代传承的文化基因。

这还只是一个开端。

到了汉代，有五本著作被定为儒家的经典，这就是《易》《尚书》《诗》《礼》《春秋》，这是在汉武帝建元五年（公元前136年）被认定的，并设立五经博士，奠定了儒家经典的尊贵地位。

大约过了1300多年，南宋理学家朱熹将《礼记》中《大学》《中庸》两篇拿出来单独成书，和《论语》《孟子》合为"四书"。这之后，中国人习惯把这两类书合在一起，称为"四书五经"。

除此以外，秦汉时期，文、艺、医、兵、农、商各个生活领域方面的著作都在深化与补全中发展着，如兵书有《孙子兵法》，医书有《黄帝内经》《伤寒论》和《神农本草经》。

更为幸运的是，先秦这个"智慧"高峰之后，文化传承的脚步并未停止，而是一代一代地发展与补全着，充实与丰富着，这是其他国家所没有的，正是这样一个宝库，养育了我们文化的传人和文学艺术的名人。由于有了这样一个富有营养的环境，我们的文化艺术才"长"得如此茁壮。

文学作品中基因传承之一——用典

在辞赋、诗歌、散文以及其他文学样式之中运用典故，恐怕是中国文人的一大特色。原因如我们上一节所说，由于前人的著作参阅得太多，文人们将流传得最广的那些小故事、小典故取来，嵌入到自己的作品中去了。这样的目的一是表示自己的知识渊博，二是使文章饶有兴味、耐读与含蓄。所以，我们就可以从文章中用典这样一个角度，来观察某一时代的作品是如何承继前人知识的。典故，仿佛是一个个的内核，从这个内核中我们可以看出作者在前人的积累中摄取到了什么营养，以及内核中是如何保存着上一代文化的基因特质的。

有一点是可以肯定的，用典一般是运用前人著作中的故事、事例。早期的作品，由于前人的著作甚少，所以用典必然很少，到后来，不断积累的作品产生出新的典故，文人们能用的素材便愈来愈多，这是一种十分自然的现象。

《诗经》是中国最早期的诗歌总集，收集在其中的诗歌有305篇，分为"风"、"雅"、"颂"三部分，"风"为地方民歌。现在我们列举魏国的地方民歌《硕鼠》来加以说明。

魏国的老百姓把统治者和贪官比喻成大老鼠，专吃老百姓辛苦种得的粮食，令百姓十分讨厌和无奈。在整部《诗经》中，很少有这样直接把矛头对准统治者，并骂得如此痛快淋漓的作品。

> 硕鼠硕鼠，无食我黍。三岁贯女，莫我肯顾。逝将去女，适彼乐土。乐土乐土，爰得我所。
> 硕鼠硕鼠，无食我麦。三岁贯女，莫我肯德。逝将去女，适彼乐国。乐国乐国，爰得我直。
> 硕鼠硕鼠，无食我苗！三岁贯女，莫我肯劳。逝将去女，适彼乐郊。乐郊乐郊，谁之永号。

这是一首劳动民众可以咏唱的歌词，三段相似，简单明了。不过，由于古文比较难读，需要翻译一下：

　　大老鼠呀大老鼠，不要吃我种的黍！多年辛苦养活你，我的生活你不顾。发誓从此离开你，去到理想的新乐土。新乐土呀新乐土，才是安居好去处！

　　大老鼠呀大老鼠，不要吃我大麦粒！多年辛苦养活你，拼死拼活谁感激。发誓从此离开你，去到那理想的新乐邑。新乐邑呀新乐邑，劳动所得归自己！

　　大老鼠呀大老鼠，不要吃我种的苗！多年辛苦养活你，流血流汗谁慰劳。发誓从此离开你，到那理想的新乐郊。新乐郊呀新乐郊，谁还再长吁短嚎！

如果破除了古文难懂的藩篱，就明白了这是一首大白话民歌，除了把统治者比喻成一只大老鼠以外，几乎没有难懂的地方，更没有一处是用典的。

这种纯朴风味，一直保持到陶渊明（365年—427年）所在的魏晋南北朝时期。

让我们读一下陶渊明的《归园田居》，这首诗也几乎用不着注释就能读懂：

　　种豆南山下，草盛豆苗稀。晨兴理荒秽，带月荷锄归。道狭草木长，夕露沾我衣。衣沾不足惜，但使愿无违。

但是再往下，到了唐朝之后，文人们有了丰富的典故可用，就逐渐有了引典入诗的习惯，于是开始都"跩起文"来了。

让我们随手撷取晚唐诗人元稹（779年—831年）的一首《遣悲怀·其一》来加以说明。

　　谢公最小偏怜女，自嫁黔娄百事乖。顾我无衣搜荩箧，泥他沽酒拔金钗。野蔬充膳甘长藿，落叶添薪仰古槐。今日俸钱过十万，与君营奠复营斋。

读到这里，我想读者都会觉得，晚于陶渊明 400 年的诗反而更难读懂了。

这是元稹悼念亡妻的诗，诗中运用了两处典故。

这第一个典故是用东晋宰相谢安最爱他的小侄女谢道韫，来比喻自己的亡妻韦丛也像谢道韫一样值得人爱。元稹的夫人韦丛系太子少保（亦为宰相之位）韦夏卿之幼女，故两者相比较为恰当。

这第二个典故是黔娄的故事，说的是战国时齐国的高士黔娄，以黔娄的安贫守贱来双喻自己的品性和自己的贫穷。

再往后代推进，到了宋朝之后，这种用典的风气更加多了起来，有时一首词里竟然藏有五六个典故。

让我们试举辛弃疾的词《贺新郎·别茂嘉十二弟》来说明：

> 绿树听鹈鴂，更那堪、鹧鸪声住，杜鹃声切。啼到春归无寻处，苦恨芳菲都歇。算未抵、人间离别。马上琵琶关塞黑，更长门翠辇辞金阙。看燕燕，送归妾。
>
> 将军百战身名裂。向河梁、回头万里，故人长绝。易水萧萧西风冷，满座衣冠似雪。正壮士、悲歌未彻。啼鸟还知如许恨，料不啼清泪长啼血。谁共我，醉明月？

这是辛弃疾送别其族弟辛茂嘉的词，一连用了 6 个典故。

第一个典故："鹧鸪声住，杜鹃声切。啼到春归无寻处，苦恨芳菲都歇。"

借《楚辞·离骚》的说法，鹧鸪声听似"行不得也，哥哥"。此种鸟一叫，百草都不长，来说明"春归芳歇"，以期说明离别之苦。这其中还套着一个杜鹃鸟叫的故事，传说杜鹃为蜀王望帝失国后魂魄所化，又名怨鸟，啼声凄厉，使人思归。

再往下又用了几个古来离别之苦的故事。

第二个典故："马上琵琶关塞黑"，说的是王昭君远嫁匈奴的故事。

第三个典故："更长门，翠辇辞金阙"，说的是汉武帝移情别恋卫子夫，将原皇后陈阿娇打入长门冷宫的故事。

第四个典故："看燕燕，送归妾"讲的是春秋时卫国卫庄姜送别戴妫大归的故事。庄姜无子，陈女戴妫生子完，庄姜视为己子。庄公死，完即君位，被杀，戴妫只得回归故国，庄姜送之于野。因《诗经·邶风·燕燕》说的是这个故事，所以用"燕燕"来代表。

第五个典故："将军百战身名裂。向河梁、回头万里，故人长绝"，说的是投降匈奴的汉朝武将李陵被派去向苏武劝降，苏武坚决不从，两人只得在桥上永别的故事。

第六个典故："易水萧萧西风冷，满座衣冠似雪。正壮士、悲歌未彻"，说的是燕国太子派荆轲去秦国行刺秦王，在易水边告别的故事。

请看，有如此多的典故套着一首词，我们寻常人还能一下子读懂其中的意思吗？也只能一边寻找典故的出处，一边去品味原词了。

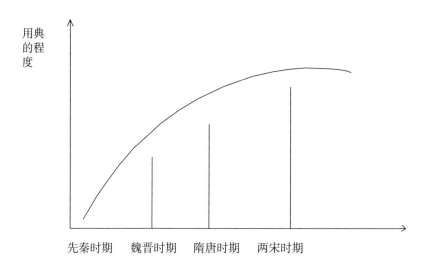

图1.文学作品中使用典故的程度随着时代发展而增加

如此一来，与前朝文学作品相比，唐诗与宋词产生了一个变化，那就是诗词越来越成为上层文人学士的欣赏品，与广大民众的距离愈来愈远了。

上图以期说明，愈到后世，人们积累的掌故愈多，文学艺术的宝库中储存愈丰，文人就愈喜欢多用典故嵌入诗词之中，这是一种必然的趋势。

用典能够使作品增加历史的纵深度，把作品装点得更加高雅，但是如果用典过多，或者用得过于勉强、艰涩，让读者难以读懂，又会成为败笔，故而用典其实是一把双刃剑。

典故积累得愈来愈多，许多读者由于对这些典故不了解或者理解不深，阅读作品时就容易囫囵吞枣，以致理解错误，这样的事情在今天比比皆是。

近来，有一位大学校长在欢迎新同学入学时祝词道，"七月流火，但充满热情的岂止是天气"。这段祝词引发了网友们的讨论，"七月流火"这个典故是用错了。"七月流火"一词源于《诗经》中《豳风·七月》："七月流火，九月授衣。"所谓"流火"，《辞海》缩印本第952页释义："火，星名，即心宿。每年夏历五月间黄昏时心宿在中天，六月以后，就渐渐偏西。时暑热开始减退。"余冠英《诗经选译》对此说得更为简洁明了："秋季黄昏后大火星向西而下，就叫作'流火'。"所以，七月流火实际上是形容天气渐凉，而非天热、天空中流着火的意思。

类似的对古语与典故的错误理解俯拾皆是——

"民可使由之，不可使知之"，其实是"民可，使由之；不可，使知之"，其意是说，如果老百姓能懂能做，就由他们去做；不能做的事，要让他们知道不能做的原因。并不是我们现在理解的，尽可驱使老百姓去做事，但不能让人们知道为什么做。

"执子之手，与子偕老"，现多用于形容爱情的永恒，其原句是"死生契阔，与子成说。执子之手，与子偕老。于嗟阔兮，不我活兮。于嗟洵兮，不我信兮"，其实说的是战士之间的约定，说要一起共生死。后两句是说现在和我约定的人都走了，我可怎么活啊，原本不是用在夫妻之间的。

"相濡以沫"，原话是"相濡以沫，不如相忘于江湖"，出自《庄子·大宗师》。在此篇中，庄子给我们讲了这么一个小故事："泉涸，鱼相与处于陆，相呴以湿，相濡以沫，不如相忘于江湖。"说的是一眼泉水干了，两条小鱼被困在了一个小水洼，为了生存下去，它们彼此从嘴中吐出泡泡，用自己的湿气来湿润对方的身体，互相扶持，互相依赖。但，与其在死亡边缘才互相扶持，还不如大家找到一条水路，回到广阔的江河湖海中去，而并非许多现代人理解的对爱情的不离不弃的承诺。

"天地不仁，以万物为刍狗"，原句为"天地不仁，以万物为刍狗，圣人不仁，以百姓为刍狗。"出自《道德经》。单看这句话，大半的读者都会告诉你，这意思是说："天地残暴不仁，把万物都当成低贱的猪狗来看待，而那些高高在上的所谓圣人们也没两样，也把老百姓也当成猪狗不如的东西！"其实这句话的真正意思是说，天地不感情用事，对万物一视同仁；圣人不感情用事，对百姓一视同仁。

所以，时隔年代越久的今人用起典故来，要特别小心，千万不要理解错了掌故的原意。

这些都是题外之语，我们在这里要说的是，典故就是中国文学的基因，通过它，我们可以说，远古的中国文学的因子早已融合在唐宋人，以至今人的作品之中。

英国《泰晤士报》有一则报道，说研究人员发现，一名美国人鲁滨孙的基因显示，他与成吉思汗有直接亲缘关系。

在与成吉思汗的基因图谱进行的对比测试显示，鲁滨孙的 9 项生理指标中有 8 项与其吻合，仅有一项发生在 800 年前的生理变异指标显示出了不同结果。而鲁滨孙的家谱则显示，正是在那段时间，他的曾曾祖父约翰·鲁滨孙从英国移居到美国伊利诺伊州，把成吉思汗的染色体带到了美国。鲁滨孙透露，目前他已接到蒙古驻美大使馆的酒会邀请，同时也正考虑到蒙古一游，看看老祖宗的帝国发源地。

典故也同这种情况相似，中国文学的古老基因，还保存在我们的近现代文学中，并且还将继续传承下去，其中的一个标志，就是用典。

文学作品中基因传承之二——唐韵

文学作品中的基因传承因素，还有一个就是押韵。

写诗歌、词曲，必须要押韵，所以，在中国很早的时候起，就知道押韵的好处。

我国较早的一部韵书是《切韵》，由隋代陆法官著，后失传，唐代孙愐作了增修本，时间约在唐玄宗开元二十年（732 年）之后，故定名为《唐韵》。该书曾献给朝廷，所以虽是私人著述，却带有官书性质。

《大宋重修广韵》是宋真宗大中祥符元年（1008 年）陈彭年等人奉诏根据前代韵书修订成的一部韵书。它是中国古代第一部官修的韵书。由于《广韵》继承了《切韵》《唐韵》的音系，是汉魏以来集大成的韵书，所以对研究古音有重要的作用。

宋仁宗景佑四年（1037 年），即《广韵》颁行后 31 年，宋祁、郑戬给皇帝上书，批评《广韵》多用旧文，"繁省失当，有误科试"（李焘《说文解字五音谱叙》）。与此同时，贾昌朝也上书批评宋真宗景德年间编的《韵略》"多无训释，疑混声、重叠字，举人误用"（王应麟《玉海》）。宋仁宗令丁度等人重修这两部韵书，新的韵书《集韵》在仁宗宝元二年（1039年）完稿。

那么，早期的押韵书是按照什么标准押的韵呢？

有位伍永尚先生，当过工人，还当过兵，他专心致志地研究了唐诗和唐韵。通过研究他提出，唐朝诗人用的是当时的官话陕西话作诗，所以唐诗用陕西方言读才能读出韵味来。

如白居易著名的《卖炭翁》："卖炭翁，伐薪烧炭南山中。满面尘灰烟火色，两鬓苍苍十指黑。"其中的"色"要按陕西话发 sěi 音，才能和"黑"押韵。

同样，杜甫怀念李白的诗《梦李白》："恐非平生魂，路远不可测。魂来枫林青，魂返关塞黑。……落月满屋梁，犹疑照颜色。水深破浪阔，无使蛟龙得。"需按陕西话将"测"读 cei，"色"读 sei，"得"读 dei，全诗才能押韵。

外地诗人怎样？伍永尚翻阅诗仙李白的诗，看到他的《古风》其二十四："大车扬飞尘，亭午暗阡陌。中贵多黄金，连云开甲宅。路逢斗鸡者，冠盖何辉赫。……"其中的陌、宅、赫需按陕西方言分别读作 mei、zei、hei，才能押韵。

高适著名的《燕歌行》也不例外："汉家烟尘在东北，汉将辞家破残贼。男儿本自重横行，天子非常赐颜色。……"按陕西方言，"色"念 sei，才押韵。另外像王维等人的诗，均有此现象。

不仅如此，伍永尚还感觉，唐诗用陕西方言才上口、有味，否则总感觉平淡，缺少点什么。他认为，要想学好唐诗，必须掌握陕西方言。就像要做国际生意，需掌握英语一样。

不过，你即使掌握不了陕西方言，也没有关系，掌握好吴地方言也可以帮助你理解唐诗的押韵。

为什么这样说呢？

从西汉始，西汉的首都在长安，东汉的首都在洛阳；西晋的首都是洛阳，东晋的首都就到了南京；北宋的首都在开封，南宋首都就到了杭州；明朝的首都起先也在南京。这表示，自秦至明朝这一千五百余年中，中国朝代的首都是逐渐从西向东转移的。由于京城必定是一个文化的中心，于是许多文人也跟着东迁，他们将陕西话与吴语进行了交接、融合，于是，在诗词里，就有了吴音的位置。所以，有些专家说，你如果不知道唐音唐韵是怎么回事，只要研究一点上海话与苏州话就行了。

例如，在唐诗里，有许多用"儿"字押韵的诗：

打起黄莺儿，莫教枝上啼。啼时惊妾梦，不得到辽西。

——（唐）金昌绪《春怨》

嫁与瞿塘贾，朝朝误妾期。早知潮有信，嫁与弄潮儿。

——（唐）李益《江南曲》

少年十五二十时，步行夺得胡马骑。射杀山中白额虎，肯数邺下黄须儿……

——（唐）王维《老将行》

白马饰金羁，连翩西北驰。借问谁家子，幽并游侠儿……

——（魏）曹植《白马篇》

这些个"儿"字用北方的"儿化韵"来念，肯定是都不押韵的。但是我们知道，在上海话里，这个"儿"可以念"泥"，上海话"阿拉泥子"的意思就是"我那个儿子"。所以，如果用"泥"字来念，上述几首诗就全部都押韵了。

还有，唐代诗人章碣写过一首《焚书坑》，诗曰：

竹帛烟销帝业虚，关河空锁祖龙居。坑灰未冷山东乱，刘项原来不读书。

此诗其意是说，秦始皇焚书坑儒。当他将书（竹帛）焚毁的时候，他的帝业就空虚了，那坚固的函谷关，滔滔的黄河，也保护不了秦始皇（祖龙）居住的地方。瞧，焚书坑的书灰还未冷，崤山以东就发生了暴乱，天下这些以刘、项为代表的揭竿而起造反的人，原本就是些不读书的人啊！

在这首诗里，首句与二句为"虚"、"居"韵，其韵属"鱼部"，这"鱼部"与"衣部"可以通押，我们也称作"一七"辙。但此诗第四句押的是"书"字，这是另一个韵部"书部"，所以按今天的普通话看来是一首不押韵的诗。

但是，我们只要问一下上海人，"读书"的上海话怎么说？他们就会把"书"念成了"诗"。我们经常能听到邻里熟人间的问话："侬个小人读书（诗）

读几年级啦？"

所以，要是改用上海话来念，这首诗就很好地押韵了。

这就是说，在唐诗里，保存着一个古老的基因密码，那就是唐韵。按我们今天以北语的押韵习惯来念唐诗的话，的确存在着念不出韵味的问题，必须还原到唐韵来念。

而且，当今有些古语功底很扎实的学者，还会故意用唐韵来作诗，以示古朴和高雅，我们在念他们的诗时，千万不要不经思考就说："咦，您这首诗怎么不押韵呀！"如果这样说，你就露怯了。

闽语虽不属吴语，但也是南方话的一种。

福建，原为古闽越族生活的地方。直到唐、五代十国年间，中原汉人南迁而来，遂将闽越人同化。现在的闽南语，保留了许多古闽越语的成分，但其总体却是汉语，确切地说应是古汉语成分居多。闽南语与北京话有很大的不同，主要表现在语法上、词汇上。许多学者认为闽南语与唐代时官话相去无几，若用闽南语念唐诗，就比北京话来得更顺口和押韵。

闽南网 2013 年 6 月 7 日有这样一则报道：

> 闽南语念唐诗，就跟唐朝人朗读唐诗一样，韵律和谐，平仄相合，悦耳动听！
>
> 昨天上午，在泉州市区东湖公园池畔，20 多位鲤城诗词学会的诗词爱好者聚在一起，用闽南语吟唱唐诗，吸引了不少市民围观。
>
> 副会长傅孙义说，其实这是一次彩排活动，为了一件大事。下个月，中央电视台纪录片频道将到泉州拍摄，其中一幕便是用闽南语吟唱唐诗的画面。
>
> "一道残阳铺水中，半江瑟瑟半江红。可怜九月初三夜，露似真珠月似弓。"傅孙义老师带头唱了一首白居易的《暮江吟》，曲调很独特，其中唱到"中、夜、弓"这三个字时，声音拖长而缓慢，整个曲子也变得抑扬顿挫，耐人寻味。
>
> 74 岁的陈琼芳老师不仅是学会的副会长，还是泉州老年大学诗词教师，对闽南语颇有研究。他说，闽南方言有着特有的风格，如果用来吟唱和朗诵唐诗，大体有两个规律，"平长仄短、平低仄高"，意思就是平音声音拉长，音调低，仄音声音短促，音调较高。

"以前泉州还有私塾的时候，学生们就是用闽南语来朗诵诗词的，很有意思。"陈老师说，闽南语很接近中原古音，现在很多时候，用闽南语念唐诗就比用普通话来得押韵。"比如'远上寒山石径斜，白云生处有人家'这句诗，'斜'和'家'用普通话念并不押韵，换作闽南语则押韵。"

陈老师说，平时他们创作和朗诵旧体诗，都会参照《平水韵》，《平水韵》包括106个韵部，很多韵部跟闽南语很接近。《平水韵》虽由宋末平水人刘渊刊行，其实是根据唐初许敬宗奏议合并的韵，所以，唐人用韵，实际上用的是平水韵，这也正好跟闽南语相吻合。

这些信息给了我们两个方面的启示：其一是我们语言的韵味的确是流动的，两千年来由西部而流向了东南；其二是，语言和民族间的入侵与融合是一样的，一个地区经常会受到外来语的入侵（就像今天的语言，不仅是我们的口头上，连报纸与辞典都不断出现了许多英语的组拼和音译词汇，年轻人可能习以为常，许多的老年人却看不懂是什么意思），然后是融合为一体，想来中国的民族语言一定存在着这样一种融变过程。

不仅押韵如此，来到东南方的诗人与词人，为了显示各别，附庸土俗，还会在诗词中不时地加一点地方化的土话。

如李清照是济南人士，系北方人，南宋后随迁到了江南，流落各地，学得了几句南方话，于是她的词中也运用上了。她那首《永遇乐·落日熔金》的下阕中写道："中州盛日，闺门多暇，记得偏重三五，铺翠冠儿，捻金雪柳，簇带争济楚。"这"济楚"二字，就是南方话，就是整齐、整洁的意思。

而辛弃疾也是北方人，到了南方之后，也学了几句南方话，他的《贺新郎·老大那堪说》中有一句："事无两样人心别。问渠侬，神州毕竟，几番离合？""问渠侬"三个字，就是吴地方言。吴方言称自己为"我侬"，称他人、对方为"渠侬"。

于是，我们从这个角度看出去，便发现了古诗词的若干秘密了，你中有我，我中有你的各类地方方言、各个时代的诗词，都打上了那个时代的地区烙印，我们可以像用碳十四来鉴定古物一样，来探测古代诗歌中的秘密了。

文学作品中基因传承之三——格律

在《三国演义》第三十八回中，有这样一个情节，刘备三顾草庐去请诸葛亮，前两次造访，没有见到。第三次正碰上诸葛亮在午睡，刘备三兄弟只得在外面傻等，几个时辰以后，睡足了的诸葛亮醒来，一伸懒腰，便随口吟了一首诗："大梦谁先觉？平生我自知。草堂春睡足，窗外日迟迟。"

吟罢，问童子："有俗客来否？"童子答道："刘皇叔来此，立候多时。"孔明乃起身说："何不早报！尚容更衣。"……

随便一首诗，只是几句顺口溜，大约不会有多少讲究，不然，这里面含着至关重要的基因密码。

让我们来检测这首诗。

> 大梦谁先觉，平生我自知，草堂春睡足，窗外日迟迟。
> 古四声：
> 仄仄平平仄，平平仄仄平，仄平平仄仄，平仄仄平平。
> 今四声：
> 仄仄平平通，平平平仄平，仄平平仄平，平仄仄平平。

上面是用平仄规则来检测的结果。

这应当是一首五言绝句，因为它符合标准的平仄格式：

> 通仄平平仄，平平仄仄平。
> 通平平仄仄，通仄仄平平。

这里写的"通"字，是指这个格式中的字，平仄通允。

不过，在唐代律诗形式完成以后，五律、七律、七绝，这三种诗体都已摆脱了古诗传统。独有五绝还保持着古诗传统。唐代诗人作五言绝句，兼用平韵和仄韵，用仄韵的几乎仍是古诗形式，连平仄都无须粘缀。像孟浩然的一首《春晓》诗：

春眠不觉晓（平平仄仄仄），处处闻啼鸟（仄仄平平仄）。夜来风雨声（仄平平仄平），花落知多少（平仄平平仄）。

尽管选诗的人把它列入近体诗的五言绝句，其实与古诗没有什么不同。而且将它当作古诗更加贴切。

这一比较，我们就知道了，像诸葛亮这样三国时代的人，会念后代唐时创制的格律诗就变得奇怪了。而像唐朝诗人孟浩然，会写古诗则是再自然不过的事。

汉代以前，偶有五言的诗句，但没有完整的五言诗。五言诗是在两汉民谣和乐府民歌中首先产生和发展起来的。据《汉书·五行志》和《汉书·尹赏传》所引西汉成帝时歌谣，已为完整的五言形式；东汉时五言歌谣继续产生，并被采入乐府，其中如《陌上桑》《江南可采莲》等，已是比较成熟的五言作品。

五言诗有五言古诗与近体诗（称近体诗，是古人的叫法）两种。古诗（也叫古风）不大讲究声音的平仄韵律，而从南北朝齐、梁时代的"新体诗"（近体诗）开始讲究四声韵律了。这个情况，还得从一种诗体——永明体说起。

永明体是中国南朝齐武帝永明年间（483年—494年）出现的诗体。又称新体诗。当时的音韵学家周颙发现并创立以平、上、去、入制韵的四声说，沈约等人根据四声和双声叠韵来研究诗的声、韵、调的配合，提出了八病（平头、上尾、蜂腰、鹤膝、大韵、小韵、正纽、旁纽）必须避免之说。永明体，即以写诗时必须讲究四声、避免八病、强调声韵格律为其主要特征。南朝齐竟陵王萧子良门下的八位文学家——谢朓、萧衍、沈约、王融、萧琛、范云、任昉、陆倕（合称竟陵八友），都是永明体诗歌的作家，以谢朓、沈约和王融为代表。从齐永明至梁、陈100余年间，吴均、何逊、阴铿、徐陵、庾信等，先后有90余人对新体诗进行过有益的尝试，从而为唐代格律诗的产生和发展奠定了基础。

但是，永明体诗在严格意义上还不能与唐朝的格律诗混为一谈。

独孤及在《皇甫公集序》中认为："至沈詹事、宋考功，始裁成六律，彰施五色，使言之而中伦，歌之而成声，缘情绮靡之功，至是乃备。"唐诗人元稹在《唐故工部员外郎杜君墓系铭序》中也指出："沈宋之流，研练精切，稳顺声势，谓之为律诗。由是而后，文体之变极焉。"当然，更经常地为后人所引述的还是《新唐书宋之问传》中的一段文字："魏建安后迄江左，诗律屡变。至沈约、庾信，以音韵相婉附，尾对精密。及之问、佺期，又加靡丽，回忌声病，约句准篇，如锦绣成文，学者宗之，号为'沈宋'。"

这些引录是什么意思呢？沈詹事、宋考功，也即"沈宋"，是初唐武后时期的宫廷诗人沈佺期、宋之问的合称。沈佺期（656年—714年）历任中书舍人、太子少詹事；宋之问（656年—712年）累迁考功员外郎、修文馆学士。故古人以官职称之为沈詹事、宋考功。他们两人生活在唐太宗之后的高宗到中宗时代，简言之可以说是武则天时代。

永明体在形式上虽然是近似格律诗，但毕竟不是，不仅不是，还增加了诗歌创作的难度，因此没有流行。永明体和格律诗之间的区别在于，永明体在于声，与格相似，而格律诗以律为本，首先在音律，因此叫格律诗。着眼于律就是说先调整好律，将律与音韵和谐，再进行歌唱，歌唱时声律形成节拍，以两字为单位，就是平平仄仄的规律，也就是诗格，至是格律乃备。

初唐诗人在诗律方面有很大进展，他们主要在永明体的基础上做了两件工作，一是把四声二元化，二是解决了粘式律的问题，从律句律联到构成律篇，摆脱永明诗人种种"犯病说"的束缚，创造了一种既有程式约束又留有广阔创造空间的新体诗——律诗。其中贡献最大的就是沈、宋二人，他们总结了六朝以来声律方面的创作经验，确立了律诗的形式，因此又称律诗为"沈宋体"。

他们所创作的五七言近体诗标志着五七言律体已趋于定型。所谓"沈宋体"，在当时是指以沈宋诗为规范的，内容多为奉和应制、侍从游宴，而形式上对仗工整、平仄谐调、词采精丽的五七言律诗。代表作如沈的《仙萼亭初成侍宴应制》（五律）、《奉和春日幸望春宫应制》（七律），宋的《麟趾殿侍宴应制》（五律）、《奉和春初幸太平公主南庄应制》（七律）等等。

我们可以这样比喻，在古体诗与唐代的格律诗之间，南北朝时的永明体诗是架在两者间的桥梁；在永明体与格律诗之间，"沈宋"的改革又是两者间的桥梁。

这个过程可以这样画一段路线图：不讲究格律的古体诗——永明体诗——沈宋体诗——唐朝真正的五七言格律诗。

我们这一说，问题就清楚了，诸葛亮是三国的曹魏时代人，生于181年，即东汉光和四年，死于234年，即蜀汉建兴十二年、曹魏青龙四年。而永明体式的诗产生要比他在世晚了250年左右，而与"沈宋"（656—714）时期相差了400余年。就是到了唐太宗当皇帝的时候（627—650），唐朝真正的格律诗还没有出现。诸葛亮如何能写出这规范的五言绝句来呢？难道在他那个时候，就知道并学习了"穿越"吗？这位半仙一样的人物恐怕也是不可能的。

所以，这首诗是后人借诸葛亮的口唱出来的，也即是说书人或成书作者的创作。

第四章　汉赋里的楚文化基因

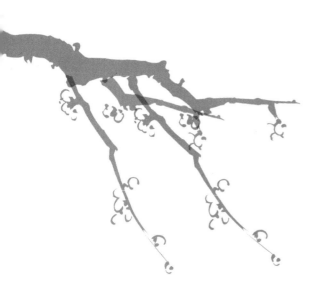

从司马相如的《大人赋》中"寻找"屈原

中国文化具有某种周而复始的规律。

这种规律就是，一个缺乏文化的西方（或北方）的野蛮民族入侵、占领了东方（或南方）文明的民族，但是不久，东方或南方的民族用文化同化了它的对手，而这种文化的占领却不像武力那样血腥，是静悄悄的、潜移默化的。

在秦统一中国的过程中，其他任何一个国家，无论是楚国、齐国，还是韩、赵、魏、燕等国，都比秦这个国家有文化，尤其是楚国。

楚国，是帝颛顼高阳的子孙在南方建立的诸侯国。至楚威王时代，楚国领土已扩张至巴国、蜀国间，后攻破越国，兴盛一时，全盛时的最大辖地大致为现在的湖北和湖南全部，以及重庆、河南、安徽、江苏、江西、山东、上海、浙江的部分地区。当时楚国号称有国土五千余里，军队百万之众，战车千辆，战马万匹，存粮充足，是一个实力很强大的国家。

楚国的著名人物也多如繁星，如大家熟知的：

屈原（公元前 340 年—公元前 278 年），战国末期楚国丹阳（今湖北秭归或河南西峡）人。

老子（约公元前 571 年—公元前 471 年），本名李耳，字聃，楚国苦县厉乡曲仁里人。

　　项羽（公元前 232 年—公元前 202 年），西楚霸王，楚国下相（今江苏宿迁）人。

　　刘邦（公元前 256 年—公元前 195 年），楚国沛郡丰邑中阳里（今江苏丰县）人。

　　陈胜（？—公元前 208 年），字涉，楚国阳城县（今商水县）人。

　　有一句流传至今的话叫，"楚虽三户，亡秦必楚"，说的是即使楚国只剩三个家族，但是最后消灭秦国的必然是楚国。

　　此典出自司马迁的《史记·项羽本纪》："夫秦灭六国，楚最无罪。自怀王入秦不反（返），楚人怜之至今，故楚南公曰'楚虽三户，亡秦必楚'也。"

　　一般读者对此大惑不解：难道楚国三户人家就能把秦国灭了？其实这"三户"并非是指三户人家，而是指三个大户，即楚国氏族屈、景、昭三个大姓氏。但从历史史实来说，还有两个应验：其一，陈胜、项羽、刘邦都是楚人，的确是三个楚国人灭了秦国；其二，亡秦的决定性战役是在三户津（古漳水渡口，今河北滋县西南）一带展开，项羽派蒲将军率军日夜兼程渡河，断秦军归路，自率主力大败秦军。秦国大将章邯进退无路，不得不于公元前 207 年 7 月在洹水南殷墟（今河南安阳）率其部众 20 万向项羽投降。

　　楚国原本是一个文化艺术极其发达的国家。在这块土地上产生出楚辞来，那是顺理成章的事。

　　从历史的地缘关系上讲，楚最早建国于荆山一带，楚文化以两湖为中心，文化遗迹在湖南、湖北、河南居多。楚庄王、楚怀王时期国家疆土兼并扩充，在扩张的过程中，楚文化不断吸收四周——北方中原地区、东南部淮水流域、长江下游吴越地区、西南巴蜀地区等文化圈中的一些艺术因素，并逐渐形成了自己的风格。

　　就南北文化的区别而言，南方重感性，北方重礼尚。孕育于南方的《楚辞》《庄子》《山海经》《淮南子》中充满想象，含有大量的神话传说，塑造了风神飞廉、御日神望舒、河伯、湘君、湘夫人、雷神等神灵的形象，辞采铺陈华丽。而源于北方的《诗经》《论语》等，艺术风格古朴、平实、浑厚，有现实理性主义的气息。

　　在习俗文化和审美趣味上，楚国也明显表现出不同于中原文化的特点，后人概括楚文化为"信巫鬼，重淫祀"（《汉书·地理志下》），楚地的艺术很兴盛，而这些艺术很多与祭神有关，充满了奇异的浪漫色彩。通过艺术创造表现出来，我们所看到的是：虽说同为春秋战国时期的诸侯国，却只有楚地创造的凤是昂首展翅欲飞的，是最充满神采的。如青铜制品"鹿角立鹤"（发掘于湖北随州曾侯乙墓），鹤的身躯无比修长优美，鹤翅伸展开来，腾空而起，翩翩似乎欲飞升再加帛画"人物御龙图"（发掘于湖南长沙子弹库一号墓），画中的人物驾玉虬，伴仙鹤，顶华盖……楚人的艺术充满了动感，富有意味，能让人从有形的物引起无穷的回味。它们不是描绘客观世界的产物，而是表达主体炙热情感的工具。正是在这个充满激情的楚国，产生了搭建中国古代哲学大厦的重要组成部分——道教，产生了对后世的汉赋具有直接影响的楚辞、屈赋。

让我们试想一下好了，刘邦是楚人，他打天下时的谋臣武士及众多士卒都是楚人。所以建立政权之后，除张良等少数人外，也都是楚地英豪成为其政权根基。这样，自然而然，楚风楚文化都带入了汉朝的上层建筑之中。因此，西汉出现的汉赋，必然会是继承楚辞的一种文学样式。在大辞赋家司马相如出世之前，两汉已有许多的辞赋作家，绝大部分都是楚人，如陆贾、贾谊、枚乘和刘安等都是楚人。

"楚辞"之名，始见于西汉武帝之时，是指以具有楚国地方文化特色的乐调、语言、名物而创作的诗赋，在形式上与北方诗歌有较明显的区别。楚地民歌是楚辞的一个重要源头，其中神奇迷离的浪漫精神，也深深地影响甚至决定了楚辞的表现手法和风格特征。由于楚辞和汉代赋作之间的渊源关系，所以屈原的作品还有"屈赋"之称。

西汉末年，刘向辑录楚人屈原、宋玉及汉代淮南小山、东方朔、王褒等人作品，编成《楚辞》，这再一次说明，西汉前期辞家所写的赋文学，与屈原、宋玉等人写的没有太大区别。《楚辞》一书早亡，根据东汉王逸作《楚辞章句》，认为屈原作品有《离骚》、《九歌》（11篇）、《天问》、《九章》（9篇）、《远游》、《卜居》共24篇。这些作品奠定了屈原在文学史上的杰出地位，其中《离骚》《天问》《九歌》可以作为屈原作品三种类型的代表。

《离骚》是屈原以自己的理想、遭遇、痛苦、热情以至整个生命所熔铸而成的宏伟诗篇，其中闪耀着鲜明的个性光辉。《天问》是屈原根据神话、传说材料创作的诗篇，着重表现作者的学术造诣及其历史观和自然观。《九歌》是楚国祀神乐曲，经屈原加工、润色而成，是代人或代神表述，并非作者自我抒情，它更多地显示了南楚文学传统的痕迹。《离骚》一组，《九歌》一组，构成了屈原作品的基本风格。屈原作品和神话有着密切关系，许多虚幻的内容就是承袭神话发展而来的。

屈原作品的风貌和《诗经》明显不同。在表现手法上，屈原把赋、比、兴巧妙地糅合成一体，大量运用"香草美人"的比兴手法，把抽象的品德、意识和复杂的现实关系生动形象地表现出来。在语言形式上，屈原作品突破了《诗经》以四字句为主的格局，每句五、六、七、八、九字不等，也有三字、十字句的，句法参差错落，灵活多变；句中句尾多用"兮"字，以及"之""于""乎""夫""而"等虚字，用来协调音节，造成起伏回宕、一唱三叹的韵致。汉代的赋作家无不受"楚辞"影响。所以鲁迅称屈原作品"逸响伟辞，卓绝一世"，"其影响于后来之文章，乃甚或在'三百篇'以上"（《汉文学史纲要》）。

那么，屈原的这种神游天地、畅想八极的神话元素与浪漫主义因素是否在汉朝的辞赋中得到继承了呢？

汉代文学和楚文学有很深的渊源关系，所以，从一开始就具有浓郁的浪漫色彩。西汉时期的文人一方面对现实世界予以充分的肯定，另一方面又幻想到神仙世界去遨游，以分享那里的快乐，许多作品出现了人神同游、人神同乐的画面，人间生活因和神灵世界沟通而显得富有生气。

让我们看一看被称为"蔚为辞宗"的西汉大家司马相如的辞赋吧！

司马相如（公元前172年—公元前118年）曾为汉武帝写过一篇《大人赋》。在这篇赋中，所谓的"大人"就是一个地上的神仙，他象征汉武帝本人。汉武帝与秦始皇一样，想成为一个神仙，但又不想成为深山老林里修炼的只吃野果不吃大鱼大肉的干巴瘦老头儿，所以司马相如就想象着为他塑造了一个"大人"

《大人赋》如下（译文）：

> 世上有位人君（大人）啊，居住在中国。虽有江山万里啊，竟不值得他稍加停留。哀伤世事的艰难险阻，便远离尘世飞升遨游。用赤色的云气作为旗幡，又点缀上白色云气，乘坐云气飘浮于高空。以格泽星云作为长竿，系上闪烁着光辉的云气作为彩旗。以旬始星作为旌旗的飘旒，拉过彗星作为旌旗下垂的羽毛。旌旗及饰物随风摇摆，委曲婉转，飘荡抖动，婀娜多姿。以欃、枪二星做旌旗，曳着屈虹作为缠裹旗杆的套子。天空赤红深远而又暗冥，飙风涌动，云雾飘浮。驾着应龙（有翼的龙）和象征祥瑞的山间精灵曲折而盘旋地前进，用赤色的蟃和青色的虬作陪驾屈曲前行。有时驾车的应龙起伏屈伸，直起项颈，恣意奔腾。有时龙身屈曲，脊背隆起，腾空跳跃，龙

爪蜷曲。有时龙摇动着身子昂首奔驰，忽而伸颈高低起伏缓缓而行，忽而抬起头来突然止步不前。奔驰跳跃，高高腾起。忽进忽退，摇目吐舌，曲折盘旋。委曲奔走，互相倚依。有翼的龙们相互牵引，互相呼叫，由上而下地落到地上，改成陆行。落地之后，应龙又开始疾速跳跃，狂奔起来。它们竞相飞驰追逐。疾如火光骤至，瞬息即逝。

突然一片明亮，雾气消除，云气散尽，豁然开朗。由东极而斜渡北极，并且结交真人，向他们求取成仙之道。走过交错曲折深邃的道路再向右转，横渡飞谷，然后再转向东方行进。把众仙全部都召集起来加以挑选，在瑶光之上对众神加以部署。令太一神回到自己所居住的中宫，让仙人陵阳子明做"大人"的侍从。左边是玄冥（雨师）右边是含雷（天上神名），前有陆离后有潏湟（皆神仙名）。让王子侨（仙人）当小厮，令羡门高（石碣山上的仙人）做差役，使岐伯（黄帝的太医）掌管药库。叫火神祝融（南方炎帝之佐）担任警戒，清道防卫，消除恶气，然后前进。集合起我的车子有万辆之多啊，混合彩云做成的车盖，树起华丽的旗帜。让句芒（东方青帝之佐）率领随从，我要前往南方去游玩。

经过崇山见到唐尧啊，拜访虞舜的陵墓所在地崇山和九嶷山。众多的车辆杂乱无章，互相交错，互相干扰撞击，乱纷纷地一齐向前驰骋。车辆时而聚集起来，时而分散开去，放纵奔驰，连绵不绝，参差不齐地跃进。车辆的行列直进入雷神所居之处，那里正发出轰隆隆的雷声，又穿过高低不平的鬼谷，那是鬼魅聚集之地。遍览天地交接处的八个极远的地方，又观望四荒极野之所，再渡过了九江越过五河。

经过了西北的炎火之山，浮过弱水河，又乘舟渡过流沙及流沙中的沙洲。忽然休息在葱岭山，游戏在山洞积水之上，使女娲为之鼓琴，让冯夷（水仙河伯）为之起舞。这时天气好像变得昏暗起来，于是召来雷神、风神、雨神加以责问惩罚。西望昆仑恍恍惚惚啊，径直奔驰到三危山。推开天门闯进帝宫啊，载着玉女与她同归。登上阆风山，远远地停下，就像飞鸟腾空而起又稍稍停留一样。在阴山上徘徊，婉曲飞翔，到今天我才目睹满头白发的西王母的模样。她头戴首饰居住在洞穴之中，幸而有三足（青）鸟为她觅食供她驱使。如果像西王母这样冷冷清清地度过万世，纵然能长生不死，也不值得有什么高兴。

还是回转车头离去吧，越过不周山，在幽都会餐。呼吸夜间的水气而餐食朝霞，咀嚼灵芝的花，吃些玉树的花朵。离开地面引身高举，纷纷腾跃高飞于天际。在高空穿过闪电的倒影，冒着云神所降下的大雨。周览高天之后，又乘车从高空中沿着长长的道路向下驰骋。从高空下降迫近狭隘的世间，又纵马奔出北部的边境。把众多的车骑留在北极之山，让前导奔驰到北极之门。出地之下，出天之上，下则深邃无底，上则空阔无边。眼看，则飘浮不定，看不到什么；耳听，则模糊不清，什么都听不到。在这无地、无天，无见、无闻的境界中，超越物外而独自长存。

在此赋中，司马相如通过自己的想象，煞有介事地让"大人"游了一把天庭和四荒八极，这种想象是无极限的，既夸张浪漫却又让人感到"很具体"，甚至细节也让我们感受得到画面的真切与动感的逼真。但他这种无限想象的思想与方法，又让我们确定它植根于屈原的著作之中，正是楚人飘逸文化与飞翔思想的积淀与遗传。

这样的神仙不是一般的神仙，有谁能把众神召来，为他驱使，一会儿斥责雷师，一会儿又惩罚风神；一会儿让女娲奏瑟，一会儿又让冯夷起舞。尤其是那一句"推开天门闯进帝宫啊，载着玉女与她同归（排阊阖而入帝宫兮，载玉女而与之归）"，像不像年轻时代的那个司马相如，闯到临邛把卓文君带走，"与她同归"？

这样的大人其实比玉皇大帝还要玉皇大帝，是众神之神的宙斯。

难怪汉武帝看了这一篇赋之后，竟然真的飘飘欲仙起来。因此扬雄说："往时武帝好神仙，相如上《大人赋》欲以风（讽刺），帝反缥缥有凌云之志。"（《汉书·扬雄传》）

现在我们回过头来再看一看屈原所写《离骚》的第七节：

原文	译文
跪敷衽以陈辞兮，	铺开衣襟跪着慢慢细讲，
耿吾既得此中正。	我已获得正道心里亮堂。
驷玉虬以桀鹥兮，	驾驭着玉虬啊乘着凤车，
溘埃风余上征。	飘忽离开尘世飞到天上。
朝发轫于苍梧兮，	早晨从南方的苍梧出发，

夕余至乎县圃。

欲少留此灵琐兮，

日忽忽其将暮。

吾令羲和弭节兮，

望崦嵫而勿迫。

路漫漫其修远兮，

吾将上下而求索。

饮余马于咸池兮，

总余辔乎扶桑。

折若木以拂日兮，

聊逍遥以相羊。

前望舒使先驱兮，

后飞廉使奔属。

鸾皇为余先戒兮，

雷师告余以未具。

吾令凤鸟飞腾兮，

继之以日夜。

飘风屯其相离兮，

帅云霓而来御。

纷总总其离合兮，

斑陆离其上下。

吾令帝阍开关兮，

倚阊阖而望予。

时暧暧其将罢兮，

结幽兰而延伫。

世溷浊而不分兮，

好蔽美而嫉妒。

朝吾将济于白水兮，

登阆风而绁马。

忽反顾以流涕兮，

哀高丘之无女。

傍晚就到达了昆仑山上。

我本想在灵琐稍事逗留，

夕阳西下已经暮色苍茫。

我命令羲和停鞭慢行啊，

莫叫太阳迫近崦嵫山旁。

前面的道路啊又远又长，

我要上上下下追求理想。

让我的马在咸池里饮水，

把马缰绳拴在扶桑树上。

折下若木枝来挡住太阳，

我可以暂时从容地徜徉。

叫前面的望舒作为前驱，

让后面的飞廉紧紧跟上。

鸾鸟凤凰为我在前戒备，

雷师却说还没安排停当。

我命令凤凰展翅飞腾啊，

要夜以继日地不停飞翔。

旋风结聚起来互相靠拢，

它率领着云霓向我迎上。

云霓越聚越多忽离忽合，

五光十色上下飘浮荡漾。

我叫天门守卫把门打开，

他却倚靠天门把我呆望。

日色渐暗时间已经晚了，

我纽结着幽兰久久徜徉。

这个世道混浊善恶不分，

喜欢嫉妒别人抹杀所长。

清晨我将要渡过白水河，

登上阆风山把马儿系着。

忽然回头眺望涕泪淋漓，

哀叹高丘竟然没有美女。

溘吾游此春宫兮，	我飘忽地来到春宫一游，
折琼枝以继佩。	折下玉树枝条增添佩饰。
及荣华之未落兮，	趁琼枝上花朵还未凋零，
相下女之可诒。	把能受馈赠的美女找寻。
吾令丰隆乘云兮，	我命令云师把云车驾起，
求宓妃之所在。	我去寻找宓妃住在何处。
解佩纕以结言兮，	解下佩带束好求婚书信，
吾令蹇修以为理。	我请蹇修前去给我做媒。
纷总总其离合兮，	云霓纷纷簇集忽离忽合，
忽纬繣其难迁。	很快知道事情乖戾难成。
夕归次于穷石兮，	晚上宓妃回到穷石住宿，
朝濯发乎洧盘。	清晨到洧盘把头发洗濯。
保厥美以骄傲兮，	宓妃仗着貌美骄傲自大，
日康娱以淫游。	成天放荡不羁寻欢作乐。
虽信美而无礼兮，	她虽然美丽但不守礼法，
来违弃而改求。	算了吧放弃她另外求索。
览相观于四极兮，	我在天上观察四面八方，
周流乎天余乃下。	周流一遍后我从天而降。
望瑶台之偃蹇兮，	遥望华丽巍峨的玉台啊，
见有娀之佚女。	见有娀氏美女住在台上。
吾令鸩为媒兮，	我请鸩鸟前去给我做媒，
鸩告余以不好。	鸩鸟却说那个美女不好。
雄鸩之鸣逝兮，	雄鸩叫唤着飞去说媒啊，
余犹恶其佻巧。	我又嫌它过分诡诈轻佻。
心犹豫而狐疑兮，	我心中犹豫而疑惑不定，
欲自适而不可。	想自己去吧又觉得不妙。
凤皇既受诒兮，	凤凰已接受托付的聘礼，
恐高辛之先我。	恐怕高辛赶在我前面了。
欲远集而无所止兮，	想到远方去又无处安居，
聊浮游以逍遥。	只好四处游荡流浪逍遥。
及少康之未家兮，	趁少康还未结婚的时节，

留有虞之二姚。	还留着有虞国两位阿娇。
理弱而媒拙兮,	媒人无能没有伶牙俐齿,
恐导言之不固。	恐怕能说合的希望很小。
世溷浊而嫉贤兮,	世间混乱污浊嫉贤妒能,
好蔽美而称恶。	爱障蔽美德把恶事称道。
闺中既以邃远兮,	闺中美女既然难以接近,
哲王又不寤。	贤智君王始终又不醒觉。
怀朕情而不发兮,	满腔忠贞激情无处倾诉,
余焉能忍而与此终古?	我怎么能永远忍耐下去!

以上是第七部分：诗人用追求美女来表示追求理想。但他的"上穷碧落下黄泉"的神游办法是否被司马相如学了去，运用得更加夸饰与任性呢？我们通过比较这得知，的确如此。不过二者也有一点不同，那就是屈原赋中有着厚重的现实批判主义，和对社会的忧思，而司马相如虽然有一些淡淡的讽刺，但缺少了屈原那种排解不开的愤懑与忧虑。

这一点怪不得司马相如，只因他们两人所处的时代不同，屈原处于楚国将亡的末期，而司马相如则处于汉王朝升腾的朝阳时代。而两人的心情也各别，屈原处于被贬失势的纠结时期，司马相如则还处在汉武帝对他欣赏、信任的大好时期。

当然，赋发展于汉武帝时期，在司马相如与其他赋家的推动下，比屈原的那个时代有了明显的长进，但也带来了若干的弊病，如《史记·太史公自序》中就批评司马相如"靡丽多夸"，《汉书·叙传》也说司马相如"寓言淫丽"、"文艳用寡"。也就是说，司马相如在文辞的"华丽和铺陈"上，的确有些过分了，他的这种文风，影响了以后的一大批作家。

不过，我们在这里是追踪文学的基因，因此这一点是肯定的，司马相如继承了屈原的风格，而且有所发扬光大。

汉赋的两个发展高潮

一般人以为，汉武帝是个武功非常了不起的皇帝，在他的任上，一共对外打了六场大仗，那就是向正北方的讨伐匈奴之战，向西北方的扩张西域之战，向西北方的征服西羌之战，向东北方向的对卫满朝鲜的扩张之战，向东南方的对南越国的征服之战，以及还有一场不同于以上形式的在西南方向的宾服西南夷之"战"。

而许多人不知道的是，汉武帝不仅特别喜欢赋，自己也是一个杰出的辞赋家，他"发表"的作品不少，有《李夫人赋》《秋风辞》《瓠子歌》《白麟歌》《天马歌》《西极天马歌》《思奉车子侯歌》《芝房歌》《赤雁歌》等等，其数量比司马相如写的还要多。其中的《李夫人赋》，就是怀念作曲家李延年的妹妹李夫人而写的。汉武帝的感情多变，情随境迁的情况多不胜数，但由他亲自动笔，来为一个妃子写赋，也还是有史以来的第一次。

在他的鼓励与支持之下，汉赋就有了强有力的后台。自武帝起，创作辞赋成为西汉朝廷的一大雅事，许多高官显宦都参与其中，由此形成了向天子进献辞赋的制度。

吴人朱买臣，吴人枚皋，赵人吾丘寿王，平原人东方朔，以及王褒、刘向等等，都是在当时名声响亮的朝中文臣，也是辞赋作家。

于是，在汉武帝时代，便形成了汉赋的第一个高潮。

汉赋的第一个高潮，约张扬于汉武帝元光初至汉宣帝神爵初这个阶段，大致有 70 年的时间。班固在《两都赋序》中说："至于武、宣之世，乃崇礼官、考文章，内设金马石渠之署，外兴乐府协律之事，以兴废继绝，润色鸿业。……故言语侍从之臣，若司马相如、吾丘寿王、东方朔、枚皋、王褒、刘向之属，朝夕论思，日月献纳。而公卿大臣，御史大夫倪宽、太常孔臧、太中大夫董仲舒、宗正刘德、太子太傅萧望之等，时时间作。或以抒下情而通讽谕，或以宣上德而尽忠孝，雍容揄扬，著于后嗣，抑亦雅颂之亚也。故孝成之世，论而录之，盖奏御者千有余篇。"有一千余篇大赋出现，当然算得上是一个大大的高潮。

汉赋创作的第二个高潮期出现于从西汉元帝到东汉和帝（约 100 年时间）阶段，是两汉文学的中兴期。这个时期相继涌现出扬雄、班固等辞赋作家。班固的《汉书》也是在此期间写成，成为继《史记》之后又一部重要的传记文学作品，班固的著作还有《两都赋》，影响也极大。

第二个高潮期的代表人物是扬雄（公元前 53 年—公元 18 年），他是继司马相如之后，对汉赋发展产生深远影响的又一赋家。他同司马相如一样，是蜀郡人氏，估计是蜀地与楚地地域相邻，或是有些地方也曾属楚国所有，因此文气相通。司马相如等文人学子得风气之先，先精通了楚辞也是一个原因。扬雄起先师法于司马相如，但到后来，他认为司马相如的赋缺乏对皇帝的讽谏精神而开始批判他的老师了。

"扬雄的赋可分为前、后两个时期，即成帝以前时期与哀帝以后时期。在前期，他为成帝作赋，热情甚高，常以赋为武器，讽谏成帝，希望成帝成为一个圣明的君主，使国家富强，让人民安乐，于是他写出了《甘泉赋》等著名的四大赋篇。哀帝以后，扬雄经历了王莽篡权、刘汉王朝倾覆的巨变，他对封建王朝腐败黑暗的认识加深了，他再也提不起精神去颂扬它，这时他为我们留下了一些比较深刻地揭露封建王朝黑暗的赋篇，主要作品有《解嘲》《逐贫赋》等等。这些赋的风格与前期已迥然不同。"①

代表辞赋汉赋的由盛而衰的转变期出现在东汉中叶至东汉末年，即安帝到灵帝时代。此时出现的作家是张衡，他的代表作是《二京赋》和《归田赋》。《二京赋》是他早年有感于"天下承平日久，自王侯以下莫不逾侈"而创作的，基本上是模拟司马相如的《子虚赋》《上林赋》和班固的《两都赋》。但对统治阶级荒淫享乐生活的指责比较强烈和真切也从张衡开始，此时抒情短赋出现，京都大赋发展到顶点；赵壹、蔡邕、祢衡等人辞赋贴近现实，批判精神很强；五言古诗进入成熟阶段，这标志着汉赋的衰落与向其他文学样式的转型开始了。

所以，西东汉两朝，汉赋曾有过两个高潮期。

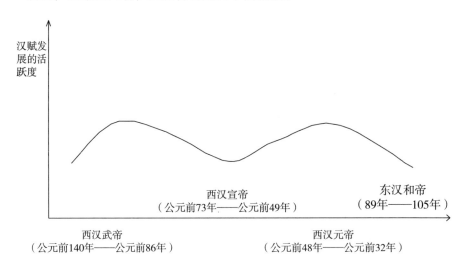

图 1. 汉赋在汉朝的两个高潮

---

① 龚克昌、苏瑞隆:《两汉赋》山东大学出版社 2011 年 4 月第 1 版，第 199 页。

西汉王朝开始于公元前 206 年，建都长安，共传 12 帝，到初始元年（公元 8 年）灭亡，统治中国 214 年。

史家公认的"文景之治"，正是在汉武帝之前，这是一个欣欣向荣的上升阶段，到汉武帝时达到最高潮，到汉宣帝时就开始走下坡路了。因此，汉赋的高潮正好与朝代兴旺发达的高潮趋于一致。

不过，即使因为改朝换代，汉赋不再被提倡，但汉赋的基因并没有消亡，而是被继承下来了。再往后，像三国曹家父子、西晋的左思、陆机，东晋的陶渊明，南北朝的刘勰，唐朝的李白，北宋的苏氏父子、范仲淹、王安石，明代的杨慎和近代的梁启超、郭沫若等等，这些名声响亮的大作家大诗人们，无不是从屈原、司马相如的作品中汲取了自认为有用的养料，成就了自己的。

如若不信，让我们看一看唐代大诗人李白写的那首《梦游天姥吟留别》诗中其中的一段吧：

> 脚著谢公屐，身登青云梯。
> 半壁见海日，空中闻天鸡。
> 千岩万转路不定，迷花倚石忽已暝。
> 熊咆龙吟殷岩泉，栗深林兮惊层巅。
> 云青青兮欲雨，水澹澹兮生烟。
> 列缺霹雳，丘峦崩摧。
> 洞天石扉，訇然中开。
> 青冥浩荡不见底，日月照耀金银台。
> 霓为衣兮风为马，云之君兮纷纷而来下。
> 虎鼓瑟兮鸾回车，仙之人兮列如麻。

迷迷蒙蒙，似梦似幻，登梯上天，看到了云之君纷纷飞下，见到仙人排列如麻，虎在前面敲鼓，鸾驾车奔驰，这像不像屈原与司马相如文中升天入地的描写？

可见，汉赋并没有死去，而是留存在后代文人的基因里了。

第五章　古诗当中的文化基因密码

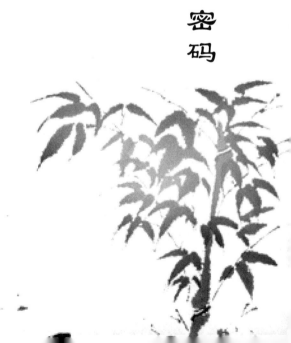

从赋到诗：魏晋南北朝时期有复杂的整合与取舍

《楚辞》是最早的浪漫主义诗歌总集，是浪漫主义文学的源头。而与因"国风"称为"风"的《诗经》相对，分别为中国浪漫主义与现实主义的鼻祖。后人也常以"风骚"代指诗歌，或以"骚人"称呼诗人。

汉赋是在汉朝涌现出的一种有韵的散文，它的特点是散韵结合，专事铺叙。从赋的形式上看，在于"铺采摘文"；从赋的内容上说，侧重"体物写志"。不过，从屈原的"诗"到司马相如的"带诗散文"，汉赋已离开了诗歌一路，变成了一种散文体。

这就是说，汉代之后的文人，他们在写作时就有三个标杆（或称参照物）——《诗经》《楚辞》与汉赋。

从东汉末年算起到唐朝开国（220年—618年），其间经过了近400年的漫长时间。要说流行的文体如何从汉赋过渡到唐诗，散文如何变成了诗体，这段时间里文学的演变与整合过程极其重要，那么，在这个时间段中，文学究竟经过了怎样一种生长与淘汰、重组与综合、交汇与嬗变呢？

按照辩证唯物主义的观点，一切事物都是在肯定——否定——否定之否定的过程中变化着的。

1. 土生土长的民歌被选拔上来，变成了纯文学，与音乐脱离了，变成了

《诗经》与《乐府诗》一类的作品；再往后，它仍然要去与音乐结合，变成一种说唱或戏剧。

2. 下里巴人的文学与艺术最终要走向阳春白雪，但曲高和寡，它还是会跌落下来，变成新的下里巴人。

3. 质朴的表达会被浮夸、华美的表达所替代，华丽之后还会走向质朴。

4. 有韵的诗歌之后是无韵的散文，散文之后还会有新诗。

5. 一段时间的浪漫主义的写作风气会被现实主义所替代，再走下去，又产生了新型的浪漫主义。

无论是下层向上走，或是土变成洋再变成新的土，都是一种推进与发展，中国的文化艺术就是这样一步迈左脚，再一步跨右脚地前进着，这不是任何一个统治者或大文豪所能决定的，是整个一代人或几代人综合努力的结果。

同时，不论是赋（汉赋）或者诗（唐诗），它们并不会一下子沉寂和一下子兴盛，其间得有一个较漫长的演变过程。

现在，让我们来看一看这个过程的演变。

在汉代，由于汉赋的高度发展，压抑、掩盖了诗歌的光芒，以致《诗经》在西汉似乎断炊了。虽然还有被收集上来的"汉代乐府"，但它仍然无法与赋的兴旺发达相比拟。进入东汉以后，文人诗歌创作出现新的局面，五言取代四言成为新的诗歌样式，完整的七言诗篇也开始产生。东汉文人诗多数独立成篇，还有一些附在赋的结尾，作为赋的一部分保存到了今天。此时的文人诗歌借鉴了民歌的表现手法，也从骚体赋中汲取营养，张衡的《四愁诗》就是经过改造的骚体，是骚体齐整化之后而形成的七言诗，这首诗有政治上的寄托，得《离骚》之神韵，是后代七言歌行的先声。

东汉逝亡，历史进入了曹魏三国时代。

第一个阶段：建安文学当家的时代。

在中国文学史上，魏晋南北朝文学是从汉末建安开始的。建安是汉献帝的年号。

与两汉的儒生相比，建安文人是在动乱中成长的一代新人。他们既有政治理想和政治抱负，又有务实的精神、通脱的态度和应变的能力；他们不再拘于儒学，而表现出鲜明的个性。他们的创作反映了动乱年代的现实：政治理想的高扬、人生短暂的哀叹、强烈的个性、浓郁的悲剧色彩，这些特点构成了"建安风骨"。"建安风骨"指的是文章中的品性与气质，它被后世的诗人们追慕着，并成为反对淫靡柔弱诗风的一面旗帜。

这个时代的代表人物就是曹操、曹丕与曹植（简称"三曹"），还有"建安七子"，即孔融、王粲、刘桢、陈琳、阮瑀、徐干、应玚。

在这个阶段中，"三曹"写的诗绝大部分都是四言句或五言句，如曹操的《蒿里行》："关东有义士，兴兵讨群凶。初期会盟津，乃心在咸阳。……"；《龟虽寿》："神龟虽寿，犹有竟时。腾蛇乘雾，终为土灰。……"曹植的"七步诗"则为五言。

不过，很幸运，也有人突破了这种拘束，开始写起七言诗来了，如曹丕，他的《燕歌行》就是七言诗："秋风萧瑟天气凉，草木摇落露为霜。……"

从曹魏往后的许多文学家，都是两面手，即一手写诗，一手写赋。被写进《三国演义》里的《铜雀台赋》就是一例，作者就是曹操的儿子曹植。

第二阶段：魏末、晋代文学当家的时代。

这一时期，纷争日渐，政治混乱，对文人的迫害加深，知识分子的玄谈风气日盛，空谈与玄谈成为知识分子逃避现实的"防空洞"，于是玄言诗一时成了主流。虽然在其间一百多年里，产生了左思、刘琨、郭璞、陶渊明等杰出的诗人，但形式主义和玄言诗的逆流却长期焰炽。一直到了东晋末年，玄言诗才逐渐被纯朴的山水诗所替代。

这期间的文学家仍然都是两面手：

嵇康（223年—263年），擅长散文，但四言诗写得也很好。

阮籍（210年—263年），擅长诗歌，历来传颂的有八十二首《咏怀诗》，但他带辞赋气的散文《大人先生传》也写得相当不错。

陆机（261年—303年），诗作现存104首，多于同时代作家，但过于雕琢，流于拙滞，但他写的《文赋》却是流传久远的名作。

左思（250年—305年），擅长写诗，精粹在于五言诗。但他的赋《三都赋》却风行于一时。左思的诗被《诗品》评价为"左思风力"。所谓"左思风力"与"建安风骨"是一脉相传的，说的也是一个意思，那就是豪迈高亢的情调和劲挺矫健的笔调，贞骨凌霜，高风跨俗，感情强烈，透出一种饱满的张扬之气。

陶渊明（365年—427年），他是从空谈转为质朴，从玄言诗变成山水诗的重要人物，他写的诗有很多，然而他的赋、散文也极负盛名，如《归去来辞》。

第三阶段：南北朝文学当家的时代。

晋宋（南朝宋）之间文学发生了重要转折，宋初由玄言诗转向山水诗，谢灵运（385年—433年）是第一个大力写作山水诗的人，他在玄言诗中输入了山水景物的描写，对山水诗的盛行与玄言诗逆流的消抑起到了重要的作用。山水诗的出现扩大了诗歌题材，丰富了诗的表现技巧，是中国诗史上的一大进步。

南朝宋鲍照（414年—466年）的乐府诗，得益于汉乐府。尤其是他的七言乐府诗，更是为后来的七言歌行奠定了良好的基础，给诗坛带来了清新气息。

鲍照的《拟行路难》18首尤为出名。让我们试录其第六首：

> 对案不能食，
> 拔剑击柱长叹息。
> 丈夫生世会几时？
> 安能蹀躞垂羽翼！
> 弃置罢官去，
> 还家自休息。
> 朝出与亲辞，
> 暮还在亲侧。
> 弄儿床前戏，
> 看妇机中织。
> 自古圣贤尽贫贱，
> 何况我辈孤且直！

语言直白如话，情绪却饱满而沉积，喷薄欲出。其长短句式不一，音乐节奏错落变化的写法对后来人也有很大的启发，李白的《行路难》就有学习鲍照诗的味道。鲍照的散文写得也很好，《登大雷岸与妹书》《瓜步山楬文》都是历来评论家所欣赏的名篇。

谢朓（464年—499年）、沈约（441年—513年），这两人是"永明体"的创造者，他们将汉语的四声知识运用到诗歌的声律上，试图建立比较严格的、声调和谐的诗歌格律，并在辞藻、用典、对偶等方面做了许多新的探索。"这派诗人的创作特点是注意声律和对仗，而且体裁一般比较短小。对仗工整的诗句，在《诗经》中就已存在，建安以后的诗人更有意识地运用了对句。至于声律的细密，也是把自魏李登《声类》起的一系列音韵学研究的成就运用到了诗歌创作中来的结果。沈约本人对音韵就很有研究，他把同时人周颙发现的平、上、去、入声用于诗的格律。"①"永明体"的出现，标志着我国诗歌从比较自在的"古体"走向了格律严谨的"近体"诗。

除此之外，永明体作家群中的孔稚圭骈文写得也很好，他的《北山移文》是最为后人传诵的作品之一。

北朝的作家庾信除诗以外，赋也写得很好。他的《哀江南赋》是一篇叙述梁代兴亡和他个人身世的长赋，《小园赋》与《枯树赋》则篇幅较小，却是抒情短赋中的名作。

正如宗白华先生在他那篇著名的《论〈世说新语〉和晋人的美》中指出的："汉末魏晋六朝是中国政治上最混乱、社会上最痛苦的时代，然而却是精神上极自由、极解放、最富于智慧、最浓于热情的一个时代。因此也就是最富有艺术精神的一个时代。"所以，这个时代文人的风骨与自由空气，造就了这个时代的文人，也影响了整个唐朝的一代诗风。

好了，我们如数家珍地介绍了一串从东汉末年至唐朝未立的许多文学家的简历，只是为了说明这样一个过程：在开始的时候，每一个文学家都是诗与赋兼具的，但是愈往下传代，长篇大赋不见了，赋的篇幅愈加小巧精致，演变成为抒情小赋，并因骈文的兴盛而增加了骈俪的成分，使得文学创作更加个性化，抒情性更强。同时，由于诗歌的发展，赋的光辉逐渐被诗歌掩盖，而在诗歌的不断实践与探索中，建立起"建安风骨""左思风力"这样的内涵，摒弃了玄言诗的空洞，接收了山水诗的纯朴气质和永明体的格律规范，并从四言诗与五言诗扩充到七言诗，甚至句式不等的杂言诗的规模，使诗歌表现生活愈来愈便捷。正是在这样一个基础之上，顺势而为地产生了唐代的诗歌。没有魏晋南北朝作家进行的这种铺垫与搭桥，唐诗不可能发展得这样完善。

在这个过程中还有一个惊喜，那就是评论与批评著作的出现，如《文心雕

---

① 游国恩等:《中国文学史》人民文学出版社 1962 年第一版，第 267 页。

龙》《诗品》，以及梁武帝太子的《文选》，这些著作实际上为文人该写什么不该写什么定出了标杆，起到了一定程度的纠偏作用。

诗赋词曲中的基因传承

《诗经》是中国历史上最早的诗歌总集。《诗经》原本叫《诗》，共有诗歌305首。

《诗经》中的诗并不是我们今天只能朗读的诗，它最早是与音乐联系在一起的。《诗经》中风、雅、颂三部分，其中"风"是地方民歌，有十五国风，共一百六十首；"雅"主要是朝廷乐歌，分大雅和小雅，共一百零五篇；"颂"主要是宗庙乐歌，有四十首。

而楚辞最先也是一种民歌，被那时的文人运用，屈原等人所写及汇成的《楚辞》，也像《诗经》一样，离开了音乐。

原始的音乐与文字结合的形式到了汉赋阶段发生了改变，成了散文，它的特点是散韵结合，专事铺叙。赋与音乐分离，变成了一种单独存在的文学样式了。但是那种唱词形式的东西还照样存在着。

例如，西汉的大辞家司马相如被封为文园令时，汉武帝让协律都尉李延年与他合写《郊祀歌》，这实际上是汉代举行的一次大规模的集体创作，词作者有朱买臣、枚皋、吾丘寿王、东方朔等。

《郊祀歌》一共19首，我们试录其一：

　　　　帝　临

帝临中坛，四方承宇。

绳绳意变，备得其所。

清和六合，制数以五。

海内安宁，兴文匽武。

后土富媪，昭明三光。

穆穆优游，嘉服上黄。

在皇帝实行郊祀仪式时，就要举办大型的歌舞活动，《郊祀歌》就是在这个时候使用的，通常由童男童女组成舞蹈队，配以巫祭乐舞、游仙乐舞，丰富郊祀乐歌的表现力和艺术性。《三辅黄图》卷5记载："武帝时祭泰乙，上通天台，舞八岁童男女三百人，祠祀招仙人。"

于是，原来土生土长的民歌就分化成了两个部分，其一就是变成了离曲的辞、诗、词，其二还留在民间、乐府、教坊、妓院。宋代词人柳永就一辈子混迹在妓院里给娼妓们填词，据说写了三百多首（可能不止），这些词都注明了曲牌，所以娼妓们只要熟背新词，吊一吊嗓子，就能够唱出来了。

与音乐分离，走向汉赋、唐诗与宋词的这一路文学，成了高雅文人与上层社会的交流、抒情、赠答的玩赏物。而李清照提出的"词别是一家"主张，则让它走进更加高雅、更加狭小的天地里，也让格律约束在更加严格的一种境界中，或者换句话说就是更加"阳春白雪"化了。

然而，这种"阳春白雪"的现象毕竟不能持久，它仍会跌落下来，再去与音乐结合，成为能够演唱的作品，这种作品，就是元曲。

宋词来源于敦煌的曲子词，走上了分化的道路，而元曲则重新与曲子结合，成为一种说唱的作品，从民歌中脱离出来的汉赋、唐诗与宋词，也在一个大尺度的分离之后走向了回归。所以，在元曲中，包含着从古代回归的基因，这是一个否定之否定的回归。

元曲原本来自于所谓的"蕃曲"、"胡乐"、"曲子词"，首先在民间流传，被称为"街市小令"或"村坊小调"。元曲有严密的格律定式，每一曲牌的句式、字数、平仄等都有固定的格式要求。但也新生出自己的特色。让我们先看一看马致远的几首元曲：

（南吕·四块玉）

恬退

酒旋沽，鱼新买。满眼云山画图开。清风明月还诗债。本是个懒散人，又无甚经济才。归去来。

（南吕·四块玉）

马嵬坡

睡海棠，春将晚。恨不得明皇掌中看。"霓裳"便是中原患。不因这玉环，引起那禄山。怎知"蜀道难"？！

（越调·睦净沙）

秋思

枯藤老树昏鸦，小桥流水人家，古道西风瘦马。夕阳西下，断肠人在天涯。

从上面可以看出，元曲的特点是格律更自由，语言更俚俗，抒情更直率。

马致远三首曲子中间的一首是写马嵬坡杨贵妃故事的，我们拿几首唐诗作一比较就能看出其中的差别来了。

杜甫《北征》："忆昨狼狈初，事与古先别。奸臣竟菹醢，同恶随荡析。不闻夏殷衰，中自诛褒姐。周汉获再兴，宣光果明哲。"杜甫的话说得很含蓄，引经据典，随口读来几乎十分艰深，难以读懂。

高适的《酬裴员外以诗代书》中也有几句与马嵬事变有关："乙未将星变，贼臣候天灾。胡骑犯龙山，乘舆经马嵬。千官无倚着，万姓徒悲哀。诛吕鬼神动，安刘天地开。"虽然略为通俗一些，仍是属于高深的文字。

两下一比较，就能够看出，唐诗（包括宋词）是文绉绉的，元曲是土咔咔的，一则难读，一则易懂。

这是因为：

1. 创作诗词的多为南方文人，而元曲最早的写作者都是北方文人，南方的文人本来就比北方人文化素养更高一些。

2. 诗词面对的主要是上流社会的读者；元曲面对的是广大社会阶层的听众，即使是元朝贵族，也都是文化程度不高的马背上的统治者。

3. 诗词是供人阅读欣赏的文学作品，阅读作品可以"千遍读"；元曲是听觉作品，只能是"一遍过"，如果一遍听不懂，走出戏院就听不到了，所以必须通俗易懂。

4. 我们可以这样理解元曲，当唐诗与宋词走向"阳春白雪"之后，从"下里巴人"中孕育的元曲登上了中国古代文学的舞台，成为人们喜闻乐见的文学形式。

但是，我们也可以看出，元曲有句式的要求，讲究格律，还带着不少文绉绉的词汇，恍若唐诗宋词。这说明，它脱胎于唐诗宋词，还带着尚存的"文气"、残留的"基因"。

如王实甫的《西厢记》："碧云天，黄花地，西风紧，北雁南飞。晓来谁染霜林醉？总是离人泪。"汤显祖《牡丹亭》："原来姹紫嫣红开遍，似这般都付与断井颓垣，良辰美景奈何天，赏心乐事谁家院。朝飞暮卷，云霞翠轩，雨丝风片，烟波画船，锦屏人忒看的这韶光贱。"更是文气十足。

所以，我们可以看到历朝流行的文学样式在朝代变迁和南北交汇中逐渐从赋、诗，到词、曲，从少数人欣赏的"阳春白雪"逐渐转变为"下里巴人"皆可欣赏传唱，从上层社会走向乡野大众，而从古到今一代代传承的"文气"和"基因"也在这些转变中以新的形式展现人们的面前。

"庄屈实二，不可以并"——破解李白诗的密码

人类遗传学家发现，现代人类的细胞里所拥有的遗传信息实际上远不如远古的亲戚。

他们估计，自早期人类与和我们关系最近的黑猩猩的共同祖先分道扬镳以来，我们已丢失了 4070 万个碱基对，这些基本的生物化学单元构成了 DNA 链，并组成了基因密码。

科学家说，在传代过程中，细胞分裂时 DNA 的复制会产生错误，而每天在人体这样的过程会发生几百万次。

另外，人类在进化过程中，还会在内外诸因素的攻出中丢失基因、杂交中改变基因等等情况。

科学家估计，人类自从与类人猿分道扬镳以来很可能失去了 3.7 万个基因。

文化的传承也是这样，看一看世界各国，在社会的前进中，传承下来的历史文化基因是不断递减的，为什么我们的老街道、老字号、老技艺及其他国粹需要申遗，就是这个道理，一不小心，它们就消失了。

中国似乎比其他国家稍好一些。

这是因为，在公元前 500 年到公元初年这段时间里，也就是孔子、老子及诸子百家产生的年代，有了一个智慧大爆炸的时期，产生了高质量的各类学科著作，给我们中国的文学、哲学、军事学与医学等学科建立了一个传承的标杆与榜样。

这之后，楚辞、汉赋、唐诗、宋词……虽然战争不绝，国家分分合合不

断，甚至碰到了秦始皇的焚书坑儒，以及明、清的诸多文字狱。但是，由于历代的典籍与著作遗失的不多，而各代文人学习与继承前人的风气尚好，所以，中国的文化艺术在传承中丢失得较少。

对于这一点，我们在前面已有较好的叙述。

清代著名诗人龚自珍云："庄屈实二，不可以并，并之以为心，自白始。"

这一段话中，提到了三个人，庄子、屈原和李白。何谓"庄屈实二"，那就是有人认为庄子是"消极浪漫主义"者，而屈原则是"积极浪漫主义"者，是两个不同类型的人；又有人从庄子"出世"，屈原"入世"角度来谈，说明庄子与屈原乃是两种区域两类文化的代表。两人是明显不同的，不能合并的。但到了李白，竟然将两人的世界观都拿了来，"并之以为心"，为己所用了。

李白一生，庄、屈二家思想在他身上都有体现，并且是有发展变化的。庄、屈二人追求人格的完美，都志向高洁，而又天才横溢，他们都不是政治上的成功者。庄子与黑暗政治保持距离，保持独立的人格，清高，具有傲骨；屈原即使被挤出政治圈之外，亦不向黑暗势力屈服，狂态依旧。因此他们能引起李白的倾慕与共鸣，二家思想共处于李白一身。但这两种思想又有区别，有其矛盾的一面。随着李白在人生与仕途上的顺逆，这二家思想不同时期在李白身上占据着不同的地位。李白所生活的盛唐时代与庄、屈的时代已经不同，因此李白既不像屈原那样由于身系楚国贵族而表现得不可自拔，也不像庄子那样与统治者完全划清界限，而是介乎二者之间。李白身处江湖，心里想着魏阙，身在魏阙，又时常念叨着江湖。在现实的悲剧面前，庄、屈共同成为他化解痛苦的精神支柱。

李白的诗歌创作大略可以划为三个阶段。天宝初入京前为第一阶段，天宝时期为第二阶段，安史之乱及其后为第三阶段。李白在这三个阶段的诗风有着较明显的区别，而这又与庄、屈二家对李白的影响有着密切联系。第一阶段包括出川前，安陆十年及安家东鲁时期，时间较长，这一阶段李白的创作受庄子与道教的影响大些。出川前的作品主要受道教影响自不待说，隐居安陆十年，李白广泛深入学习荆楚地方文化，写了许多富有地方色彩的民歌，如《襄阳曲》《襄阳歌》《大堤曲》等，但基调还是"清雄奔放"。屈原对他的影响还没有明显表现，这主要是因为他还没有正式卷入政治漩涡。虽然他向往政治，但主要还是在祖国大好河山中徜徉，与道士、隐者交往，老、庄思想在发挥着主要作用。这个时期代表作当为《蜀道难》了，这首诗虽以蜀道之难喻仕途之难，但并不给人以压抑之感，也不使人感到绝望，与天宝后的作品迥异其趣。作品中虽用大量神话传说，写得惊险怪状，但并不迷乱。有人论李白诗说："其为文章，率皆纵逸，至如《蜀道难》等篇，可谓奇之又奇，然自骚人以还，鲜有此体调也。"(《河岳英灵集》)"纵逸"、"奇之又奇"正是庄子的风格。诗中也用了楚辞句法，可见此诗应写于出川受到屈原影响之后，但诗中却无屈原那样无法解脱的痛苦，故又应作于入翰林前。天宝时期，李白亲身目睹了宫廷黑暗。遭受谗言，赐金放还后，他的政治理想破灭了，犹如屈原被流放一样，因此屈原般的感情在他心里涌动起来。他像屈原那样呼号、抗争，倾诉着内心的冤屈，如《远别离》《梦游天姥吟留别》《答王十二寒夜独酌有怀》等。对于这种痛苦，李白也想摆脱。于是他借助于游仙、饮酒、游山玩水，求助于老庄思想与道教。庄、屈二家思想在他头脑中交相起着作用，呈现在创作上便出现"汪洋恣肆"的特色。语言上时而清虚淡雅，时而奇丽沈艳。如《远别离》以"日惨惨兮云冥冥，猩猩啼烟兮鬼啸雨"这样"楚辞"式比兴手法来比喻天宝时局的危险，然后直抒胸臆："我纵言之将何补？皇穹窃恐不照余之忠诚，雷凭凭兮欲吼怒。"清人翁方纲云："太白《远别离》一篇，极尽迷离。不独以玄、肃父子事难显言，盖诗家变幻至此，若一说煞，反无归著处。惟其极尽迷离，乃至其归著处。"可谓深得要旨。又如《梦游天姥吟留别》，把梦境、仙境糅为一体，写得迷离惝恍，奇谲多变，既有《离骚》式迷幻的境界，又有道家的神仙人物，二者难以分辨，而表达的正是力图挣脱屈原式的情结而归于庄子的超脱这样一种矛盾状态的感情。安史之乱的发生，使李白的诗歌发生了一些重要变化。他正视血腥的现实，写出一些反映安史乱军残暴罪行的诗篇，如《古风》其十九："俯视洛阳川，茫茫走胡兵。流血涂野草，豺狼尽冠缨。"《经乱后将避地剡中留赠崔宣城》："中原走豺虎，烈火焚宗庙……苍生疑落叶，白骨空相吊"等。很快，李白便卷入永王李璘事件中，被下狱流放，这期间所写《南奔书怀》《狱中上崔相涣》《上崔相百忧草》《万愤词投魏郎中》《赠张相镐二首》等皆写得沉痛苍凉，读来有"暮年诗赋动江关"之感。尤其《经乱离后天恩流夜郎忆旧游书怀赠江夏韦太守良宰》诗，历叙平生交游行踪，委婉沉痛，《唐宋诗醇》云其："通篇以交情、时势至为经纬，汪洋浩瀚，如百川之灌河，如长江之赴海，卓乎大篇，可与《北征》并峙。"上举这些诗中表达的感乱伤时之情，不仅可与杜甫的《北征》并峙，忧国忧民以及抒发自身不幸遭遇的感情也与屈辞相似。

可见，两个不同类型的前人的两种思想、两种精神，在李白身上融为一体了。

而对于司马相如的赋，第一个猛向他学习的就是扬雄，再以下就是三国时的曹家父子，写《三都赋》的左思，写《文赋》的陆机，东晋的陶渊明，南北朝的刘勰，唐朝的李白，北宋的苏氏父子、范仲淹、王安石，明代的杨慎和近代的梁启超、郭沫若等等。

可见，如果我们对文学稍有研究，那么，在每一代文人的作品中，都们都能看出具体的承接与连贯，当然，它不像中国的戏剧、曲艺、民间杂艺用师傅教徒弟般传承，非得考证出这个宗那个派来，非得有一个开派立万的老师傅。但这种传承脉络，却是不间断地贯通着的。

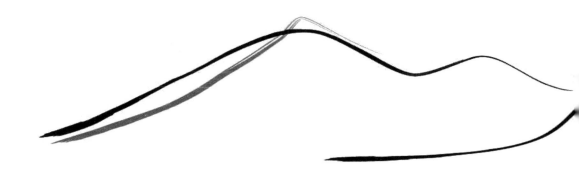

第六章　花木向荣的夏与枯叶凋落的秋

　　蚱蝉，又叫知了，在蝉类中个头最大，叫声最响。不是有那么一首校园歌曲吗，"池塘边的榕树上，知了在声声叫着夏天"，而到了寒秋，这叫声就不一样了，骆宾王说的是"露重飞难进，风多响易沉"。而柳永所描写的是："寒蝉凄切"。

　　可见，同样的蝉鸣，季节不一样，声音也分出了差别。

　　如果把一个完整的朝代当作完整的一年，我们可以看到朝代发展中文学艺术的两个高潮，一个是在"春分"到"夏至"之间，而另一个是在"夏至"到"秋分"之间，那么，诗人与词人在两个季节里的声音肯定是不一样的。一般言之，生活在第一个高潮中的作家，豪放派居多，为人性格狂放刚偏、达观、张扬、志向宏大、不拘小节，还有较多浪漫主义的情怀，而在第二个文学高潮中生活的作家，则婉约派不少，为人性格收缩、声音沉闷、重视细节，现实主义者居多。

　　当然，任何事情都不能一概而论，每一个诗人词人的个性不一，生活际遇不同，命运的好坏有差，所以在不同甚至相同的时间段里，写出的诗词都会有千差万别，不可以僵化地去议论。

　　这一则趣谈其实是我们都听过的，这出自俞文豹《吹剑续录》：东坡在玉堂，有幕士善讴，因问："我词比柳词何如？"对曰："柳郎中词，只合十七八女郎，执红牙板，唱'杨柳岸，晓风残月'。学士词，须关西大汉，铜琵琶，铁绰板，唱'大江东去'。"公为之绝倒。

　　这是因为，这个柳永的一辈子都不得意，只能到脂粉堆里去填词。这使他的性格受到压抑，心情郁闷，让他的词带上了悲悲切切的调调儿；另外他为歌妓、舞女们写词，这些美人们当然是喜欢轻柔媚美一些的作品，因为这样让她们唱起来更能媚惑客人。

　　因此有人把苏轼说成了是"豪放派词人"，而柳永则称作是"婉约派词人"。

　　这只是问题的一个方面，是诗词里具有某个人"基因"的一点特征，还有一些更多更细仔的一些特征，就如我们平时电话中听某个熟人说话，一下子就能叫出他是谁来。哪怕苏轼改写了一首婉约之词，而柳永新写了一首豪放之诗，我们还是能够分辨出"这一个"是"这一个"而非是"那一个"，不会说错了作者。正因为这种种特征，我们也可以在某个骚客词人的作品里，分析出他是哪个时代（一个朝代的前期还是后期）的作家，以及写诗时的情绪如何。

　　由于一个时期有许多的作家与诗人，我们只能拎出一两位成就最突出的人物来加以分析。

　　例如，在第一个高潮中，在西汉时代我们可以举出司马相如来，在唐代则是非李白莫属，在北宋时期苏轼可以入评，而元代可以算是关汉卿。

　　在第二个高潮期中，汉代可以选东汉的扬雄，唐代是白居易，宋代是南宋时的辛弃疾，元代是郑光祖。

汉代：司马相如与扬雄

　　司马相如的赋虽然承继的是屈原的楚辞，但比起屈原来他又另有一番景象。

　　广西师范大学有一位研究生陈彦革这样说道："相如赋中运用的艺术表现手法，虽与屈原有着或隐或显的关系，但这些手法在司马氏手中更臻完善，运用得更加高超卓绝。相如运用铺陈手法，时空错杂，虚实相间，动静结合，详略得当且不失于变化。《子虚》《上林》中，作者笼天地万物于笔端，虚构了人物和事件，以赋法尽写了山水川泽、宫馆苑囿、物产风貌等。相如对虚构的运用更加自觉而灵活。在《子虚》《上林》中，从三人的命名即知其虚构性质，又把三人置于整个虚构的事件中，这与屈原只为抒一己之情而虚构巫咸、灵氛占卜不同，相如设置的地点、人物、场景等一应俱全，在情节跌宕中展示虚构的真实，显现了艺术高度。此外，描写、象征、夸张等手法，相如也左右逢源、信手拈来。如《长门赋》，其对失宠皇后独居长门的心理情态，刻画细腻入微，不仅人物形象生动丰满，更使描写在辞赋创作中不断完善。'他的赋开辟了对客观事物进行大量、细致、生动、形象描绘的先河'。相如对这些手法综合运用，融会贯通，使之达到了一个新的境界，不仅为其赋作增添了无限光彩，更有其深远的意义。"

"汉赋在相如手中得以完备定型，他以其非凡的才智和创作经验，在先贤的基础上把辞赋创作推向了高潮，使赋成为有汉一代最具代表性的文学样式。其对赋从内容到形式及创作理论等方面的丰富和拓展，为他赢得了不朽的地位。"

慕天点在评《史记·司马相如》时也曾这样说过："一是他敢于创新的创作态度。司马相如身上有许多第一。他是第一个奠定汉大赋体制的作家，《子虚赋》《天子游猎赋》即是；他的《哀二世赋》用文学的形式第一次指斥了秦朝的暴政；他的《长门赋》开创了写宫怨题材的先河。所有这些都显示了司马相如善于创新、敢于创新的特点。鲁迅先生对司马相如有较高的评价，他说：'盖汉兴好楚声，武帝左右亲信，如朱买臣等，多以楚辞进，而相如独变其体，益以玮奇之意，饰以绮丽之辞，句之短长，亦不拘成法，与当时甚不同'，'不师故辙，自撷妙才，广博宏丽，卓绝汉代'。"

"二是他的'苞括宇宙，总览人物'的创作观念。关于此点，有研究者根据其创作实践和理论叙述做出如下论断：司马相如的文学实践，标志着文学自觉时代的来临。这不仅指他有意识地将文学创作当作纯粹审美活动，并自觉地构建着文学创作技巧手法模式，更包括他在创作理论上的自觉。葛洪《西京杂俎》载，司马相如在回答蜀人长通关于创作的问题时，就系统地阐述了文学本质、特征、主体作用、结构技巧和语言法则。他指出，文学创作首先是想象和虚构，是一种形象思维，即'控引天地，错综古今，忽然入睡，焕然而兴'，通过形象塑造达到'苞括宇宙，总揽人物'的典型化效果；其次是注重创作主体作用的'赋家之心'，要抓住灵感，把握独特人生体验并表现自我气质；再次是注重作品的结构安排，他将之比喻为'一经一纬'交错'合綦组以成文'，通过精心安排结构以获取'文'彩美感；最后是注重语言的锤炼，尤其是富于色彩感的词语的选择，即'列锦锈而为质'，真正使文学具有美的特点。此外，他并未忽略语言艺术的音乐美，提出'一宫一商'的音韵乐感标准。如此种种，都显示着司马相如在创作和理论上，自觉地将文学视为一种艺术审美活动，中国文学的自觉时代，因他而始。"

一句话，司马相如的赋写得极其大气、开阔，同时又十分细腻，见情见景，中间透视出他的那种昂扬向上的奔放情怀。再加上关于他用"欺骗手段"对待卓文君的父亲，最终抱得美人归的做法，可以看出这是一个十分张扬、志向颇大、不拘小节的文人。例举中国历史上的风流才子，他的排名应为第一。

而第二个高潮中的代表人物扬雄，则生长于西汉衰落、王莽篡权之时，他的赋可以分为两个阶段：汉成帝以前与汉哀帝以后。前期他为成帝作赋，热情甚高，学习司马相如的写法，讽谏成帝，希望他成为一代明君。哀帝之后，经历了王莽之变的他就再也提不起讽谏的情绪，为人们奉献了更多比较深入地揭露封建王朝黑暗的赋篇。

在比较出名的《解嘲》一文中，他当即开始了咒骂："今大汉……当涂者升青云，失路者委沟渠；且握权则为卿相，夕失势则为匹夫。……当今县令不请士，郡守不迎师，群卿不揖客，将相不俛（俯）眉。言奇者见疑，行殊者得辟。是以欲谈者宛舌而固声，欲行者拟足而投迹。向使上世之士处于今，策非甲科，行非孝廉，举非方正，独可抗疏，时道是非，高得待诏，下触闻罢，又安得青紫？"

他骂的是他所处的那个黑白已经颠倒的朝代，是非不分、愚贤倒置、邪夫显进、直士幽藏的社会，哪有仁人志士的用武之地？

他不但否定了司马相如的写作样式，也否定了整个的社会，他已经没有了豪情，没有了向上、奔放的劲头，有的只有愤懑与压抑。

社会走向没落的秋冬时期，一个饱学文人在这个世道上得不到公正的待遇，那他只能喝喝闷酒，发发牢骚。他的言语字间自然而然地融进了哀怨不平之气，这便是文字中吸入了末代社会氛围基因的一种自然反映。

我们这里是说，国运昌盛而辞人情绪高涨，言词里就会充满着激越奋发之情，那样的辞赋，是讴歌朝阳磅礴欲出时的辞赋，是充满着张力和扩延性的文学。司马相如所写的，正是这种文学。我们还要说，这就是那个时代的文化基因，只要那个时代的文人，与国家兴衰融为一体之后，在辞人的身上，必定会产生出这样一种基因，与时代同歌同笑、同欢同乐。

南宋词人辛弃疾有一首《木兰花慢·席上送张仲固帅兴元》，前面几句是这样写的，"汉中开汉业，问此地，是耶非？想剑指三秦，君王得意，一战东归。追亡事，今不见，但山川满目泪沾衣……"这是说，刘邦当初不愿意只当一个汉王，下决心夺取三秦之地，一战而夺得天下，那样的意气风发是多么值得人们怀念，而现在我们南宋小朝廷呢？窝囊透顶，再不见那种雄风豪气，而只剩下"山川满目泪沾衣"了。

这里说的就是一个国家的文化基因，试想，在南宋那个小朝廷里，有秦桧这些主和派的投降屈膝政策，有岳飞的抗战派的含冤屈死的先例，所有的志士仁人们，所有的有志文人们，都产生了有志难伸、有气难平的压抑感，于是，南宋的词人们，包括辛弃疾、陆游，也包括李清照，就只能写一些悲愤怒怨、寂寞气塞之词了。诚然，我们更多地喜欢那样的词，那样的词人。那样的词太有味道，太有嚼劲，许多词都能成为千古绝唱，但是我们不要忘记，那样的词表现的是中国偏安一隅、屈辱悲愤时人们的情绪，词人的情绪都是那个时代的反映；而司马相如赋中的情绪，则是中国创建了统一大业、汉朝勃兴向上时代的民众情绪的反映。在司马相如的辞赋里，他的想象可以无所边际的，他的夸张可以是没有约束的，他的感情抒发可以是任意放飞的……或者我们极言之，像司马相如那个时代的文人，他们写出作品来（尤其是司马相如的），竟然是皇帝每辞必看的（达到了辞人与皇帝的互动）；而辛弃疾与陆游他们写出词来，想要上达帝听，却是难上加难。

这样一比较，我们就知道了，汉武帝与司马相如所处的时代是中国的"朝阳"时代，初夏时代，而成帝、哀帝与扬雄所处的是没落时代；司马相如是在唱"朝阳之歌"，扬雄是在唱"夕阳之歌"，他们各代表着自己身处那个时代的身份，话语里带着那个时代的烙印。这种烙印，其实就是我们所讲的"基因"。

唐代：李白与白居易

历史走到了唐代。

在唐朝文化的第一个高潮中，李白是一个当然的代表人物。在第二个高潮中，白居易为其中首选。

由林庚、冯沅君主编的《中国历代诗歌选》中，是这样介绍李白的，"李白生活在中国封建社会极盛时期，他的伟大的诗篇反映了盛唐时代上升发展的气魄。他以极大的勇气，投入反抗权贵、鞭挞庸俗和争取敬明政治的斗争。这种顽强斗争的精神，以及追求自由解放的热情，是他诗歌中积极浪漫主义精神的实质。……同时，丰富的想象、大胆的夸张、深入浅出的语言、豪迈爽朗的性格，使他达到了浪漫主义诗歌的高峰。"

在这段话中，我们到处都能看见对李白这样的评价：气魄、勇气、热情、夸张、豪迈、浪漫主义。事实上也是如此，李白的诗到处透露出了这样的气息，像那首《将进酒》就是一个最好的例子：

> 君不见黄河之水天上来，
> 奔流到海不复回。
> 君不见高堂明镜悲白发，
> 朝如青丝暮成雪。
> 人生得意须尽欢，
> 莫使金樽空对月。
> 天生我才必有用，
> 千金散尽还复来。
> 烹羊宰牛且为乐，
> 会须一饮三百杯。

就是在《行路难》的时候，他也发出了"长风破浪会有时，直挂云帆济沧海"的豪言。在李白生活的唐代，孔子已经被当作圣人，而他却狂傲地说道："我本楚狂人，凤歌笑孔丘。手执绿玉杖，朝别黄鹤楼。"

之所以诗中有这样的性格特质，我们除了承认李白个人的性格因素之外，不得不说，这其中还内含着一个初夏盛阳朝时代的"基因"——让他有了狂的条件与环境。

试问一下，扬雄所生活的年代里，他能说得出"天生我才必有用，千金散尽还复来"的话吗？

白居易是贞元十六年中的进士，他比李白晚生了七十余年，正好像我们所说的晚了一个"季节"。我们读他的一首诗，就知道他那个时代的情况了。

他有这样一首诗，不设题目，下加一段长长的说明算作题目。这首诗是这样写的。

> 自河南经乱，关内阻饥，兄弟离散，各在一处。因望月有感，

聊书所怀，寄上浮梁大兄、于潜七兄、乌江十五兄，兼示符离及下
邽弟妹。

> 时难年荒世业空，弟兄羁旅各西东。
> 田园寥落干戈后，骨肉流离道路中！
> 吊影分为千里雁，辞根散作九秋蓬。
> 共看明月应垂泪，一夜乡心五处同。

这首诗十分通俗，用不着翻译就能够读懂。生于乱世，战争灾害频繁，兄弟姐妹散于各地，明月之夜想念家乡，各地的兄妹都是如此心痛不已。

读了这首诗，我们就明白了，即使本来是一个浪漫诗人，生逢乱世，还能豪爽起来，浪漫起来吗？他只有现实主义了，只能从具体的现实中感受喜怒哀乐了。

时代的印记，又是何等的明显。

宋代：苏东坡与辛弃疾

在北宋，说起第一个高潮期的诗人代表，当数苏轼苏东坡。

除了那首"关西大汉，铜琵琶，铁绰板，唱'大江东去'（《念奴娇·赤壁怀古》）"之外，苏轼还有《水调歌头·明月几时有》等代表其最高水平的千古词作。

提到苏词，许多学者也必提其"豪放"之风。这几乎是一个规律了。

苏轼是豪放派词的开山鼻祖，他的一系列豪放词是北宋豪放词派形成的重要标志，这一点是毋庸置疑的。刘辰翁就曾说过："词至东坡，倾荡磊落，如诗，如文，如天地奇观。"

从艺术风格上看，词史上以苏轼、辛弃疾二人并称，都是豪放词的代表人物，但苏轼所生活的时代与辛弃疾有明显的不同。

苏词自然雄放、清旷超逸，辛词悲壮苍凉、沉郁顿挫。

苏词似万斛泉源，不择地而涌出，似长江大河，一泻千里；而辛词则如飞瀑入涧，千回百折。苏词中"人生如梦，一尊还酹江月"，于雄放处更见超旷

之风。辛词则借古喻今，虽理想难酬，却坚持执着，孜孜以求，所以词风豪而不放，词情显得热烈而凝重，激切而深沉。

苏东坡的诗被公认为是豪放派的代表。豪放派特点是视野广阔，气势恢宏，雄健有力。自然，对于某一个诗人，很难完全用"豪放"与"婉约"来规范他。柳永的诗以婉约为主，但也不失有"豪放"之词。如他的《望海潮》"东南形胜，三吴都会，钱塘自古繁华"就是豪放之音。李清照是"婉约"派的代表人物，但她的那首"生当为人杰，死亦为鬼雄，只今思项羽，不肯过江东"却充满了豪放之风。

不难看出，在历代文化的第一个高潮阶段，起码国家是完整与强大的，皇帝对文人们也比较宽容与放任。社会的安定，经济的繁荣，人的个性更加自由而张扬，所以在诗词中内含的气韵与动力很足。当然，也还有其他原因，像苏东坡，他经历的流放与挫折不可谓少，但他有一颗"童心"，而且能够超脱与豁达，这是他个人的原因。但第二个高潮期的词人，像辛弃疾，他处于金瓯残缺、山河破碎的南宋小朝廷中，政治腐败、朝臣懒惰，谁要提"还我河山"，动辄得咎。再加上个人的性格与仕途的不得志，加之性格羁绊比苏东坡还要多（苏轼是有官而流放，他是经常被罢官），所以在诗词中显示出怨、愤、悲、苦之气更多一些，无奈的情绪流露也更充沛一些，而大量的诗词的底气与朝气明显地显得不足。

例如辛弃疾的这首《破阵子·醉里挑灯看剑》词：

> 醉里挑灯看剑，梦回吹角连营。八百里分麾下炙，五十弦翻塞外声。沙场秋点兵。
> 马作的卢飞快，弓如霹雳弦惊。了却君王天下事，赢得生前身后名。可怜白发生！

一阵兴奋的回忆之后，立即归于无奈的叹息，好汉提了一下当年勇，接着就像泄了气的皮球一下子豪气全消。最后说了一句："了却君王天下事，赢得生前身后名，可怜白发生！"对于君王也全没有了尊重，用"了却"两字来代表。而岳飞则比他要尊重皇帝，说了个"朝天阙"。他在这首词中的豪迈描写，只是一个回忆，一个幻影，一个自我安慰罢了。全词中让我们看出的只是醉、梦、了却和可怜了。

元代：关汉卿与郑光祖

元曲与其他门类的文学作品也是如此。

关汉卿在《一枝花·不伏老》中这样自喻：

> 我却是蒸不烂、煮不熟、捶不扁、炒不爆、响当当一粒铜豌豆，恁弟子谁每教你钻入他锄不断、斫不下、解不开、顿不脱、慢腾腾千层锦套头？我玩的是梁园月，饮的是东京酒，赏的是洛阳花，扳的是章台柳。我也会吟诗，会篆籀，会弹丝，会品竹，我也会唱鹧鸪，舞垂手，会打围，会蹴鞠，会围棋，会双陆。你便是落了我牙，歪了我嘴，瘸了我腿，折了我手，天赐与我这几般儿歹症候，尚兀自不肯休；只除阎王亲令唤，神鬼自来勾，三魂归地府，七魄丧冥幽，那其间才不向烟花路上走。

从这段话中我们就可以看出他性格的宁折不弯、倔强坚劲和生活上的大胆自由、无拘无束。这正是第一个文化高潮中作家的风貌。而他撰写的《窦娥冤》中窦娥的形象，也类似于他："不是我窦娥罚下这等无头愿，委实的冤情不浅。若没些儿灵圣与世人传，也不见得湛湛青天。我不要半星热血红尘洒，都只在八尺旗枪素练悬。等他四下里皆瞧见，这就是咱苌弘化碧，望帝啼鹃。"

郑光祖与关汉卿比起来，就算是元代第二个文化高潮期中的作家了。因为元朝建立是 1206 年，他出生大约在 1245（1255）年，死于 1310（1330）年。试想，明朝的朱元璋是 1368 年建国的，所以他是属于元朝后期的杂剧家。

据文学戏剧界的学者考证，郑光祖一生写过 18 种杂剧剧本，全部保留至今的，有《迷青琐倩女离魂》《㑳梅香骗翰林风月》《醉思乡王粲登楼》《辅成王周公摄政》《虎牢关三战吕布》等。

从这些保留的剧目中，我们可以看出，他的剧目主要是两个主题，一个是青年男女的爱情故事，另一个是历史题材故事。这说明，在选择主题方面，他不像关汉卿敢于面对现实，揭露现实，他的剧目主题离现实较远，按照今天的说法，他写的是历史剧，不怕审剧的官员来找他麻烦。他写剧本，大多是艺术的需要，而不是政治的需要。

所以，他与关汉卿比较，性格上的退缩与戏剧上的远离政治，都可以看出他的胆气小了一些，气势弱了一些。

我们再举个与郑光祖同时期的人来加以说明吧！这个叫张养浩（1269年—1329年），曾官至礼部侍郎、礼部尚书，后被罢官，他有一首《山坡羊》是这样写的：

峰峦如聚，波涛如怒，山河表里潼关路。望西都，意踟蹰。伤心秦汉经行处，宫阙万间都做了土。兴，百姓苦；亡，百姓苦。

这是哀叹百姓疾苦的词，品词味，就知道那个时候国运、经济、老百姓生活和作家们的情绪都已走向"夕阳"时分了，谁还能成为那个时候的"铜豌豆"？没有了。

每从气韵见文章

古人云：诗言志。用戏曲中的唱词来反映作家的心志，已是勉强。说到明朝与清朝，如果用长篇小说中的情节、故事来解释说明作家的情态，就更勉为其难了。因为那个时候的长篇小说有许多还是前朝流传在民间的说唱本，所以更是牛头不对马唇。于是，我想还是用一些名人的诗句来阐释这两个时代的作家会更加贴切一些，因为诗为心声，诗人所写的诗与词，大都是直抒胸臆作品。

汉、唐、宋、元，直至明、清，都说明了夏时的蝉鸣与寒秋时的蝉叫是不一样的。这种高唱与低吟、吐气与发声，既映照了气候变化的寒——暖——寒的规律，也反映了朝代兴替的起——盛——衰的规律，同时，还反映了一个大时代中社会与人精神面貌的昂扬或衰败。这种从诗词歌赋中透出来的气息强弱的不同，也是作品中存在的一个基因密码。

这里，我们得出一个评价的标的物，这个标的物就是"气"。

这得先插上一个典故。

公元前684年的春天，强大的齐国出兵攻打弱小的鲁国。鲁庄公亲自率领军队前往应战，双方摆开阵势，准备大战一场。鲁国的一位叫曹刿的将军率部队与齐国交战。当时，作战以擂鼓作为进攻号令，当齐军擂第一遍鼓时，曹刿按兵不动，齐军擂第二遍鼓时，曹刿还是没下令，齐军第三次准备进攻，都不见鲁军应战，士气大减，十分疲惫，情绪顿时低落下去，认为鲁军不会再打了，大家纷纷坐下来歇息，队伍也开始松散下来。这时，曹刿当机立断，对鲁庄公说："进攻的时机到了。"随着雨点般的战鼓声响起，早就摩拳擦掌的鲁军将士奋勇出击，齐军还没有来得及防备，顿时丢盔弃甲，四处溃逃。战斗胜利后，鲁庄公问曹刿："刚才为什么要等齐军擂了三次进军的鼓后，才出军？"曹刿说："打仗，最重要的靠勇气。擂第一遍鼓时，士气最旺；第二次击鼓时，士兵的勇气已经减退；擂第三次鼓时，士兵的勇气已经没了。这时我军再擂鼓进攻，用士气旺盛的军队去进攻松懈疲乏的军队，那当然能取胜啦！"

这个故事告诉我们：一鼓而气盛，二鼓就气衰，三鼓则气竭。

凡是在第一个高潮中出现的作家（代表），在他们的赋作诗词里，包孕着一种鼎盛之气——英气、豪气、壮气、志气，这种气十分盛足，像充足了气的气球。

而出现在第二个文化高潮时期的作家，则文章中开始透出了衰气，那个被打足了的气球中的气已经泄漏了不少。而第三个高潮（如果还算有的话）中出现的作家，则诗词中的气已竭，这说明，到了一个社会的没落阶段，文气与时代之气都已经衰落，这种文学样式开始走向没落，这个朝代也行将灭亡了。

让我们再随手举几个例子作为对比。

"学而优则仕"，文人想要做官，完成自己的抱负，这几乎是古代文人共同的愿望，但恃才傲物的文人们经常得不到重用。所以他们会时常对此发点牢骚。

让我们看一看他们牢骚里透出的"气"。

第一高潮期中的作家：

（唐）李白《行路难》："行路难，行路难，多岐路，今安在？长风破浪会有时，直挂云帆济沧海。"《宣州谢朓楼饯别校书叔云》："人生在世不称意，明朝散发弄扁舟。"

就是没路走了，李白也说得这样理直气壮！

（宋）苏轼《江城子·密州出猎》："持节云中，何日遣冯唐。会挽雕弓如满月，西北望，射天狼。"

这时的苏轼尚有期盼，斗志依然。

第二高潮期中的作家：

（唐）李商隐《贾生》："宣室求贤访逐臣，贾生才调更无伦，可怜夜半虚前席，不问苍生问鬼神。"

皇帝无心选才，暗示着自己不被重用的无奈情绪。

（宋）辛弃疾《永遇乐·京口北固亭怀古》："凭谁问，廉颇老矣，尚能饭否？"《木兰花慢·滁州送范倅》："长安故人问我，道愁肠殢酒只依然。目送秋霄落雁，醉来时响空弦。"

此时而辛公已志气消退，只能将酒浇愁了。

（宋）陆游《诉衷情·当年万里觅封侯》："当年万里觅封侯，匹马戍梁州。关河梦断何处？尘暗旧貂裘。胡未灭，鬓先秋，泪空流。此生谁料，心在天山，身老沧州！"

陆公在这时也只有流泪叹息而已。

我们这样一比较，就可以看得出来，第二期文化高潮中的作家确不如第一期的作家气势盛，底气足了。

这就是文人出生于不同时代的差异。

在众多鉴别因素之中，最重要的一条是看作者与这件作品的气韵是否相契合，一件作品的气韵是否充足是最根本的要素。

在前面第二章中我们比较了南宋早、中、晚三个时期三个代表人物——岳飞、辛弃疾与文天祥的词，我们明显可以看出，岳飞的气韵比辛弃疾足，而辛弃疾又比文天祥足。

元代理学家、诗人刘因（1249 年—1293 年）提出了一条识别、衡量文章的重要标准——"每从气韵见文章"。

他的诗是这样写的：

宋理宗南楼风月横披

物理兴衰不可常，每从气韵见文章。

谁知万古中天月，只办南楼一夜凉。

宋太祖赵匡胤（926 年—976 年）是宋朝的开国皇帝，而宋理宗（1225 年—1265 年）则是南宋由衰落走向灭亡时的一任皇帝，因为元灭南宋是 1278 年，离理宗之死只隔十二三年的时间了。

宋太祖写过一首《咏月诗》，其中有"未离海底千重黑，才到中天万国明"句，气象宏大，令我们眼前一亮。而宋理宗在《南楼风月横披》中写月，则是"并作南楼一味凉"，气度卑弱衰微。刘因因之立论，认为可从文章气韵的充足与否来看出朝运的兴衰。宋理宗的诗句出自黄庭坚《鄂州南楼书事四首》："四顾山光接水光，凭栏十里芰荷香。清风明月无人管，并作南楼一味凉。"

这就是我们通常所说的"文如其人"。作家呕心沥血把文章写"活了"，而活了的文章就是作者"本人"，那里面每字每句都打上了作者个性的烙印。

第七章 皇帝『大使』串起的中国戏曲生长史

杂剧与南戏之间的"大使"

　　第一任"大使"是元朝皇帝忽必烈,他带着北杂剧到了南方,与南戏进行了交流。元曲时代的北方戏剧,称为杂剧。最初的作者,都是北方人氏:关汉卿,北京人;王实甫,北京人;白朴,山西人;马致远,北京人;康进之,山东惠民人;纪君祥,北京人;高文秀,山东东平人……所以,最早的杂剧,带着浓重的北方风味。

　　元代的戏剧,有杂剧和南戏两种类型,这两个类型中的剧本虽然也都包括曲词、宾白、科(介)三个部分,但是体制又有不同。杂剧风行于大江南北,它一般由四折组成一个剧本,每折相当于今天的一幕(即类似于四幕歌剧)。演剧角色可分为末、旦、净三类,末分为正末、小末、冲末、副末,旦分为正旦、外旦、小旦、大旦、搽旦、老旦。在音乐上,一折只采用一个宫调,不相重复。而全剧只能由正末或正旦一个人主演,正末主唱的称"末本",正旦主唱的称"旦本"。

　　南戏在南宋时流行于东南沿海一带,在不同地区有不同名称。各地区流行的南戏大多是一种戏曲雏形,其中最为成熟的、对南戏艺术形式影响最大的是温州杂剧。现在确知为宋人的戏文作品,有6种,分别是《赵贞女蔡二郎》《王魁负桂英》《风流王焕贺怜怜》《韫玉传奇》《乐昌公主破镜重圆》和《张协状元》。《张协状元》现有《永乐大典戏文三种》本，标有"温州书会"字样，它的产生年代甚至早于关汉卿的杂剧。宋人戏文大都出自书会才人之手。当北方关汉卿、白朴、王实甫等具有高度文化水平的作家投身于杂剧创作，使北方的杂剧出现杰作纷呈局面的时候，南方的戏文却仍然处于稚拙的阶段，艺术水平未能得到提高。

元灭南宋后，随着北方的政治、军事势力进入南方，北曲杂剧的影响也迅速扩展到长江以南，以其新鲜的内容和精练的形式，获得了南方观众青睐。而且，由于元朝统治者的民族歧视和专制禁锢，南戏在元代初期一度受到压制和忽视。徐渭说："元初，北方杂剧流入南徼，一时靡然向风，宋词遂绝，而南戏亦衰。"（《南词叙录》）

但是，由于南戏植根于南方民间文化的土壤，并不因为统治者的压制和文人的鄙夷而消绝，相反地，南戏在 14 世纪上半叶又有了新的发展，显示出其强大的生命力。从元代流行的南戏剧目看，近人钱南扬《戏文概论》著录宋元戏文有 238 本。

南戏的体制在元代末年逐步定型，其特点是比北曲杂剧更为灵活。在剧本结构体制上，南戏结构庞大，一部剧本往往十多出或几十出，篇幅长短自由，便于表现更加复杂的故事；一出相当于现代戏剧的一场，每出例有下场诗，重要人物上场时先唱引子，继之以一段自我介绍的长白，叫作定场白。在音乐体制上，一出用多宫调的曲子组成多套曲，每套大抵三、五曲，"曲之次第，须用声相邻以为一套，其间亦自有类辈，不可乱也"（徐渭《南词叙录》）；每套曲词的组织，一般有引子、过曲和尾声；一出中的曲子，不限通押一韵；上场的各种角色皆可司唱，演唱形式非常灵活，有独唱、复唱、接唱、合唱、分唱、轮唱、对唱等；其音乐多用南曲，也杂用北曲，称"南北合套"；乐器伴奏以鼓板为主，而不像北曲那样以弦索为主。在角色体制上，以生（男主角）、旦（女主角）为主，还有净、末、丑、外、贴等角色。随着南戏的流行，元末至明中叶，在不同地区先后出现了不同的声腔剧种，如弋阳腔、余姚腔、海盐腔、昆山腔等。明代传奇戏曲大体上沿用了南戏的戏曲剧本体制。

元代的历史不长，自 1271 年忽必烈将蒙古王朝改国号为大元（其时南宋尚未真正灭亡）算起，至 1368 年元亡，只有 97 年。自蒙古王朝灭金、统一北方到元亡，则为 136 年。和前代文学相比，元代文学中诗、词、散文等文学样式则相对衰微，最突出的成就在戏曲与散曲方面，后人常把"元曲"和"唐诗"、

"宋词"并称。

中国文学发展到元代，由于政治上、经济上和文化上以及文学本身的种种原因，传统的诗词散文创作局限于少数文人，语言风格一味模唐仿宋，有人还甚至标榜学习周秦汉魏，脱离广大人民群众，曲高和寡，与那语言浅近通俗的戏曲、小说相比较就不易被人们接受。戏曲、小说的题材大都取自人民群众所关心和熟悉的生活，同时由于作者多数出身于社会中下层，他们看问题，谈人论事，也都和人民群众的好恶接近，所以戏曲小说，特别是杂剧成了元代戏曲创作中最受欢迎的剧艺。前人把它和唐诗、宋词并称，作为一个朝代文学艺术的代表，许多作家也享有很高的声誉。

忽必烈南侵，南宋灭亡，北杂南来，使得不同地域的戏剧有了相互碰撞的机会，这种碰撞造成了戏剧的杂交。

忽必烈建立的元朝帝国，把境内的各民族分成了四等：第一等是蒙古人，地位最高；第二等是色目人，包括西夏人、吐蕃人和畏兀儿人等，地位也不低；第三等是汉人，指原金统治区的汉人、契丹人和女真人等；第四等是南人，指原南宋统治区的汉人和其他各族人等。南人社会地位最低，生活最穷苦，受到多重压迫和歧视。

从文化系统而言，已经长期为元朝贵族的统治者服务的杂剧当然也身价颇高，而南剧自然与南人的身份一样，位于底层。

"尤其是北曲杂剧'传入南徼'，并且随着南宋灭亡以后，元朝政治、军事统治势力在南方的扩张和巩固，杂剧在南方剧坛上也就'一时靡然向风'，盖过了南戏。明代朱有炖的一首《元宫词》说：'江南名妓号穿针，贡入天家抵万金，莫向人前唱南曲，内中都是北方音。'也证明了元朝统治者对南戏并不爱好和欢迎。有一些杂剧虽然采用了南曲，大都作为打诨调笑的小插曲来处理，有些文人更把南戏看作是'亡国之音'，这些都说明南戏在当时的剧坛是处于被歧视地位的。到了元末，由于元朝的统治地位摇摇欲坠，杂剧的支配力量也随着发生动摇而衰落下去，南戏才得到进一步的发展。"[1]

南戏就是在北方杂剧入侵与碰撞中生存与发展起来的。北杂被南戏所同化，南戏吸收到杂剧的优点，到了明代，它便发展成为一个最重要的全国性剧种——"传奇"。

---

[1]　游国恩等：《中国文学史》，人民文学出版社 1962 年第一版，第 810—811 页。

到明朝之后的中国戏剧，出现了一个崭新的局面，继承戏剧传统又吸收了杂剧优点的南戏大量出现，并几乎以排山倒海之势把元代和明初雄踞剧坛的杂剧推下了宝座。

明成祖"催生"昆曲

第二任"大使"是明朝的成祖皇帝朱棣，他把南方文化带到了北京，使南戏与北戏进行了融合。

正如中国历次北方民族南侵一样，先是北方民族用武力征服了南方的民族，继而南方的文化潜移默化地又征服了北方的统治者和人民，最后的结果就是两类人的文化基因融为一体，按照历史上的说法，就是民族与文化的"同化"。

明朝时代的"传奇"，应当说就是一种同化了的产物。

要说那时的戏剧情况，当然不能不提及明代著名的剧作家汤显祖（1550年—1616年），和他的"临川四梦"。

汤显祖是江西临川人。汤氏祖籍临川县云山乡，后迁居汤家山（今抚州市）。他34岁中进士，在南京先后任太常寺博士、詹事府主簿和礼部祠祭司主事。明万历十九年（1591年）他目睹当时官僚腐败，愤而上《论辅臣科臣疏》，触怒了皇帝而被贬为徐闻典史，后调任浙江遂昌县知县，一任五年，政绩斐然，却因压制豪强、触怒权贵而招致上司的非议和地方势力的反对，终于万历二十六年（1598年）愤而弃官归里。之后，他打消仕进之念，潜心于戏剧及诗词创作。

在汤显祖多方面的成就中，以戏曲创作为最，其戏剧作品《还魂记》《紫钗记》《南柯记》和《邯郸记》合称"临川四梦"，其中《牡丹亭》（又称《还魂记》）是他的代表作。这些剧作不但为中国人民所喜爱，而且已传播到英、日、德、俄等很多国家，被视为世界戏剧艺术的珍品。

"临川四梦"都是通过神游梦境来展开故事情节，这是汤显祖的惯用手法。《南柯记》《邯郸记》是在唐人小说《南柯太守传》和《枕中记》的基础上加工创作的。《南柯记》写了槐安国政治清明，国泰民安，借蚁穴世界的寓言，表达作者从儒家仁政出发的政治理想。《邯郸记》生动地描写了封建官僚在政治上相互倾轧，生活上荒淫无耻的丑态。《紫钗记》却是借用唐人小说《霍小玉传》再创作的，作品以紫玉钗作为线索，展现霍小玉与李十郎的爱情波折。"临川四梦"中的《牡丹亭》最受世人喜爱，汤显祖自己也说："一生四梦，得意处惟在牡丹。"《牡丹亭》写的是杜丽娘与书生柳梦梅的爱情故事。它通过少女杜丽娘为了追求爱情和幸福死而复生的离奇情节，揭露了封建礼教压抑人性的罪恶，表现了青年男女冲破礼教罗网的决心，歌颂了他们为追求自由爱情而舍生忘死的斗争精神，具有强烈的反封建意义。《牡丹亭》在艺术上的最大特色是浪漫主义。作者把"死而复生"这种在现实生活中不可能发生的事，通过艺术夸张和浪漫主义的想象，在梦境和超现实的幽冥中得到实现，起到了震撼人心的艺术效果。

《牡丹亭》人物不多，但个个鲜明生动，尤其是杜丽娘，可以说是中国古典文学作品中最动人的妇女形象之一。《牡丹亭》的文词也十分典雅、华美，不少辞章都是令人赏心悦目、反复吟唱的千古名曲。

据说，自《牡丹亭》问世后，不少男女青年为主人公伤心而死，可见作品影响是多么强大和持久。内江一位女子读了《牡丹亭》，不顾年龄悬殊，执意要与汤显祖结为秦晋之好。汤显祖以自己已年过花甲且已有妻室而婉辞，结果，这位女子竟投江而死。扬州女子金凤钿也读《牡丹亭》成癖，"日夕把卷，吟玩不辍"，也致书汤翁，想以身相许。书信辗转传至汤显祖手中后，他从临川赶至扬州想当面婉辞，但这位痴情女子望汤不至，已含恨去世，留下遗嘱，让家人将《牡丹亭》置于她身旁以为殉葬之物。

《牡丹亭》中瑰丽的爱情传奇，以典雅唯美的昆曲来演绎，相得益彰，四百年来不绝于舞台。2004 年 4 月，由著名作家白先勇主持制作，两岸三地艺术家携手打造的"青春版"昆曲《牡丹亭》开始在世界巡演，更给这门古老的艺术予新的生命，在美国上演时场场爆满。

请看一段《游园惊梦》(《牡丹亭》中的两出戏)的剧文：

　　杜丽娘上。杜丽娘【绕地游】：梦回莺啭，乱煞年光遍，人立小庭深院。

　　[春香上唱：炷尽沉烟，抛残绣线，恁今春关情似去年。小姐。杜丽娘：晓来望断梅关，宿妆残。春香：小姐，你侧着宜春髻子，恰凭栏。杜丽娘：剪不断，理还乱，闷无端。春香：小姐，已吩咐催花莺燕借春看。杜丽娘：春香，可曾吩咐花郎，扫除花径么？春香：已吩咐过了。杜丽娘：取镜台，衣服过来。春香：晓得。云髻罢梳还对镜，罗衣欲换更添香。小姐，镜台，衣服在此。杜丽娘：放下。春

香：是。杜丽娘：好天气也！【步步娇】袅晴丝吹来闲庭院，摇漾春如线。停半晌，整花钿，没揣菱花，偷人半面，迤逗的彩云偏。我步香闺怎便把全身现。春香：小姐。【醉扶归】你道翠生生出落的裙衫儿茜，艳晶晶花簪八宝钿。杜丽娘：可知我一生儿爱好是天然？（二人同唱）恰三春好处无人见，不提防沉鱼落雁鸟惊喧，则怕的羞花闭月花愁颤。春香：来此已是花园门首，请小姐进去。杜丽娘：进得园来，你看：画廊金粉半零星。春香：这是金鱼池。杜丽娘：池馆苍苔一片青。春香：踏草怕泥新绣袜，惜花疼煞小金铃。杜丽娘：春香。春香：小姐。杜丽娘：不到园林，怎知春色如许？春香：便是。杜丽娘、春香：【皂罗袍】原来姹紫嫣红开遍，似这般都付与断井颓垣。良辰美景奈何天，便赏心乐事谁家院？朝飞暮卷，云霞翠轩，雨丝风片，烟波画船。锦屏人忒看得这韶光贱！杜丽娘：【好姐姐】遍青山啼红了杜鹃，那荼蘼外烟丝醉软，那牡丹虽好，他春归怎占的先？闲凝眄生生燕语明如剪，听呖呖莺声溜的圆。春香：这园子委实观之不足。杜丽娘：提它怎么？春香：留些余兴，明日再来耍子吧。杜丽娘：有理。【尾声】观之不足由他缱，便赏遍了十二亭台是枉然，倒不如兴尽回家闲过遣。春香：小姐，你身子乏了，歇息片时。我去看看老夫人再来。杜丽娘：去去就来。春香：晓得。瓶插映山紫，炉添沉水香。［杜丽娘、春香下。

　　惊梦［杜丽娘上。杜丽娘：蓦地游春转，小试宜春面。春呵春！得和你两流连，春去如何遣？咳，恁般天气，好困人也！【山坡羊】没乱里春情难遣，蓦地里怀人幽怨。则为俺生小婵娟，拣名门一例一例里神仙眷。甚良缘，把青春抛的远。俺的睡情谁见？则索要因循腼腆，想幽梦谁边，和春光暗流转。迁延，这衷怀哪处言？淹煎，泼残生除问天。［杜丽娘入梦。［花神引杜丽娘、柳梦梅上，相见。柳梦梅：吓，姐姐！小生哪一处不寻到，却在这里。恰好在花园内，折得垂柳半枝。姐姐，你既淹通诗书，何不作诗一首，以赏此柳枝乎？杜丽娘：那生素昧平生，因何到此？柳梦梅：姐姐，咱一片闲情，爱煞你哩！【山桃红】则为你如花美眷，似水流年，是答儿闲寻遍，在幽闺自怜。姐姐，和你那答儿讲话去。杜丽娘：哪里去？柳梦梅：那！转过这芍药栏前，紧靠着湖山石边。和你把领扣儿松，衣带宽，袖梢儿揾着牙儿苫也。则待你忍耐温存一晌眠。（二人同唱）是那处曾相见？相看俨然，早难道好处相逢无一言。〔柳梦梅、杜丽娘下。众花神：【画眉序】好景艳阳天，万紫千红尽开遍。满雕栏宝砌，云簇霞鲜。督春工珍护芳菲，免被那晓风吹颤，使佳人才子少系念，梦儿中也十分欢忭。【滴溜子】湖山畔，湖山畔，云蒸霞焕。雕栏外，雕栏外，红翻翠骈。惹下蜂愁蝶恋，三生锦绣般非因梦幻。一阵香风，送到林园。及时的，及时的，去游春，莫迟慢。怕罡风，怕罡风，吹得了花零乱，辜负了好春光，徒唤枉然，徒唤了枉然。【五般宜】一边儿燕喃喃软又甜，一边儿莺呖呖脆又圆。一边蝶飞舞，往来在花丛间。一边蜂儿逐趁，眼花缭乱。一边红桃呈艳，一边绿柳垂线。似这等万紫千红齐装点，大地上景物多灿烂！〔众花神下，杜丽娘、柳梦梅上。柳梦梅【山桃红】这一霎天留人便，草藉花眠，则把云鬟点，红松翠偏。见了你紧相偎，慢厮连，恨不得肉儿般和你团成片也。逗的个日下胭脂雨上鲜。（妙！）我欲去还留恋，相看俨然，早难道好处相逢无一言。姐姐，你身子乏了，将息片时，小生去也。正是，行来春色三分雨。杜丽娘：秀才！柳梦梅：在！妙吓！睡去巫山一片云。〔柳梦梅下。杜母上。杜母：夫婿坐黄堂，娇娃立绣窗。怪她裙钗上，花鸟绣双双。我儿原来昼眠在此。我儿！我儿！杜丽娘：秀……杜母：儿吓！娘在此。杜丽娘：原来是母亲。母亲万福。杜母：罢了。你方才说什么秀？杜丽娘：呀，孩儿刺绣才罢。杜母：为何昼眠在此？杜丽娘：告母亲知道，适才花园中游玩回来，不觉身子困倦，少睡片时。不知母亲到来，有失迎接，望母亲恕罪。杜母：怎么不到学堂中去看书？杜丽娘：先生不在，且自消停。杜母：儿吓！花园冷静，少去闲游。杜丽娘：谨依母亲慈训。杜母：女儿家长成了，就有许多情态。且自由她，我去了。正是，宛转随儿女。杜丽娘：孩儿送母亲。杜母：罢了。辛勤做老娘。〔杜母下。杜丽娘：娘吓！你叫孩儿看书，不知哪一种书，才消得我闷怀吓！【绵搭絮】雨香云片，才到梦儿边，无奈高堂，唤醒纱窗睡不便。泼新鲜，俺的冷汗粘煎。闪的俺心悠步嚲，意软鬓偏。不争多费尽神情，坐起谁欠，则待去眠。【尾声】困春心，游赏倦，也不索香熏绣被眠。春吓！有心情那梦儿还去不远。〔杜丽娘下。

我们看到文中的唱词，像"原来姹紫嫣红开遍，似这般都付与断井颓垣。良辰美景奈何天，便赏心乐事谁家院？朝飞暮卷，云霞翠轩，雨丝风片，烟波画船。锦屏人忒看得这韶光贱"，文气十足，完全可以与宋词中的名词佳句相媲美，但是似乎又有了些变化，加上了一点俚语俗话，如"原来"、"似这般"、"忒看得这韶光贱"等等，带有了俚俗的泥土味道。这让我们生出了这样的感觉，明代的戏曲唱词（包括说词），已经是北杂与南戏的糅合、雅词与俚俗的杂交、纯文学与口语化的掺插，是一种"阳春白雪"与"下里巴人"混合型的产物。这样的作品，具有两方面的内涵：其一是说明了这种东西，其实就是北南结合、上下搓揉的基因混种，既像是一个北方的父亲与南方的母亲生出来的"儿子"，也像是一个豪门贵胄与贫苦民家结婚生出来的"姑娘"。其二是满足了社会大部分看客的胃口，文人雅士来看戏，能听到他们击拍赞叹的佳句，而街巷市民来听曲，也能听到他们平时里常讲的那些方言土话。

在中国戏曲的历史上，有一种"两下锅"的演出形式由来已久，就是两个不同品种的戏剧放在一起同场演出，这其实是不同剧种相互交流、相互融合的一种重要手段。许多剧种在"两下锅"中，演变出新的剧种。明朝永乐年间由南京迁都北京后，在移民潮中，大批南人北上，南戏也随之北上。为适应新的环境，南戏和北方杂剧实行了"南北合套"的演出。南戏吸收了北曲的优长，形成了新的昆山腔、弋阳腔。而杂剧则渐渐退出了历史的舞台。

汤显祖是南方人，生活于明嘉靖、隆庆到万历年间，这样推断，当时的"临川四梦"，演的是昆戏，唱的是昆腔。

到明末清初，昆山腔演变为昆曲，在北京的舞台上占据了主导地位。《长生殿》《桃花扇》成为这一时期的代表作，传演至今。今天的京剧也是二百多年前汉剧与徽剧"两下锅"的产物。清乾隆年间，四大徽班进京后，与汉剧艺人"两下锅"共同演出，在相互融合中，以徽剧的二黄腔和汉剧的西皮腔为基础，形成了一种新的"皮簧戏"。此后，皮簧戏又从昆曲、梆子腔等剧种中不断吸取营养，渐渐成了一个新的剧种——京剧。

到了清末民初，京剧已发展到成熟阶段，不仅成为京城戏曲舞台的主流，而且开始向全国传播。这一时期，由山陕梆子演变而成的河北梆子（时称秦腔、直隶梆子）和由"蹦蹦戏"发展起来的评剧，都曾与京剧"两下锅"演出。清光绪十七年（1891年），著名河北梆子演员、戏曲活动家田际云在其所主持的玉成班中，首开梆子、皮簧同班"两下锅"合演的先例。因其很受观众欢迎，许多班社纷纷效尤。一时间，京城内外，京梆"两下锅"的演出红红火火。许多京剧科班也"梆、簧兼授"。著名京剧科班富连成也"二科生徒几乎无一不习秦腔（梆子）者。即今之马连良氏，亦曾习《取洛阳》之小王子"。在与京剧"两下锅"的演出中，许多河北梆子演员，如荀慧生、于连泉（小翠花）、赵桐栅（芙蓉草）等，后来都改唱了京剧，成为著名的京剧演员。

乾隆"催生"京剧

昆曲起源于昆山腔，是中国北宋末至元末明初，即12—14世纪200年间在中国南方最早兴起的戏曲剧种，是我国戏剧的最早成熟的形式之一。南戏有多种名称，如温州杂剧、永嘉杂剧、鹘伶声嗽、南曲戏文等，明清间亦称为"传奇"。其后，还有许多声腔剧种，如海盐腔、余姚腔、昆山腔、弋阳腔的兴起和发展，为明清以来多种地方戏的繁荣，提供了丰富的营养。昆曲（昆山腔）的得名即产生于江苏昆山一带，它与起源于浙江的海盐腔、余姚腔和起源于江西的弋阳腔，被称为明代四大声腔，同属南戏系统。昆曲的表演，也有它独特的体系、风格，它最大的特点是抒情性强、动作细腻，歌唱与舞蹈的身段结合得巧妙而和谐。

昆曲是我国传统戏曲中最古老的剧种之一，也是我国传统文化艺术，特别是戏曲艺术中的珍品，被称为百花园中的一朵"兰花"。明朝中叶至清代中叶戏曲中影响最大的声腔剧种，很多剧种都是在昆剧的基础上发展起来的，有"中国戏曲之母"的雅称。昆剧是中国戏曲史上具有最完整表演体系的剧种，它的基础深厚，遗产丰富，是我国民族文化艺术高度发展的成果，在我国文学史、戏曲史、音乐史、舞蹈史上占有重要的地位。

相比于昆曲，京剧只是一个论不上辈分的晚辈，它大约有200余年历史。1790年（乾隆五十五年）秋天，扬州盐商江鹤亭为了庆祝乾隆帝八十寿辰，在安庆组织了一个名为"三庆班"的徽戏班，由艺人高朗亭率领进京。第一次进京的三庆班崭露头角，引人瞩目。接着又有四喜、和春、春台等徽班进京，并逐渐称雄于北京剧坛，人们称之为"四大徽班"。有人就把京剧的历史从1790年徽班进京算起，他们认为徽戏是京剧的前身。

同治六年（1867年），京剧传到上海，新建的满庭芳戏园从天津约来京班，受到观众欢迎。同年，丹桂茶园通过北京的三庆班，又约来大批著名京剧演员,其中有老生夏奎章(夏月润之父)、熊金桂(熊文通之父),花旦冯三喜(冯子和之父)等。他们都在上海落户,成为以上海为中心的南派京剧世家。此后,更多的京角陆续南下,知名的有周春奎、孙菊仙、杨月楼、孙春恒、黄月山、李春来、刘永春以及梆子花旦田际云(想九霄)等,从而使上海成为与北京并立的另一个京剧中心。

在这之前,约在咸丰初年,上海已有昆班和徽班演出。京剧进上海后,也出现了京徽同台、京昆同台以及京梆(梆子)同台的局面,这对南方京剧特点的形成,起了重要作用。徽班杰出演员王鸿寿(三麻子)到沪后,经常参加京班演出,并把一些徽调剧目如《徐策跑城》《扫松下书》《雪拥蓝关》等带进了京班,把徽调的主要腔调之一"高拨子"纳入到京剧音乐里,还把徽班的某些红生戏及其表演方法吸收到京剧中。这对扩大京剧上演剧目和丰富舞台艺术起了一定作用。此外,梆子艺人田际云在上海的艺术活动,对南派京剧的发展也有所影响。他的"灯彩戏"《斗牛宫》等,实为后来"机关布景连台本戏"的滥觞。

从光绪五年(1879年)起,谭鑫培六次到沪,后来梅兰芳等名演员也经常到沪演出,促进了北派、南派京剧交流,加速了京剧艺术的发展。

京剧在进入上海之前,即咸丰十年(1860年)之后,随商旅往来及戏班的流动演出,很快传播到全国各地,如天津及其周围的河北一带为京剧最早的传播地区之一。道光末年,余三胜即在天津活动(他和他父亲死后都葬在天津);丑角演员刘赶三先在天津的票房活动,后来才到北京"下海"。老生演员孙菊仙也曾经是天津的票友。山东是徽班进出北京的必经之地,山东帮商人又是北京经济活动的重要力量,因而山东很早就有京剧演出。曲阜孔府早在乾隆时就有安徽艺人入府演戏。京剧的较早流布地区还有安徽、湖北和东北三省。至20世纪初,南至闽、粤,东至浙江,北至黑龙江,西至云南,都有京剧活动。抗日战争期间,京剧在四川、陕西、贵州、广西等地也有了较大发展。

京剧是四大徽班进京后又与汉剧等剧种融汇而成。伴奏以京胡为主,不像昆曲的腔调多,京剧主要就是二黄与西皮两种调式。京剧中人物唱念多是湖广音,但也有少部分念白用北京音。

如此一来,我们就可以看出京剧的一些来龙去脉了。

徽戏是一种地方戏曲,主要流行于安徽省境内和江西省婺源县一带。它的声腔包括青阳腔、徽戏、徽昆和花腔小调几大部分,以徽戏和青阳腔为主。

明末清初,乱弹声腔传入安徽一带,与地方声腔及民间音乐结合,在安庆府的石牌、枞阳、桐城等地形成拨子。乾隆年间，拨子与从四平腔脱胎而来的吹腔逐渐融合，形成二黄腔。二黄腔又与湖北西皮形成皮簧合奏，奠定了徽剧的基础。徽剧的音乐、唱腔优美、完整，主要分为徽昆、青阳、四平、吹腔、拨子、二黄、西皮、花腔小调等类。其中徽昆以演武戏为主，多用唢呐、锣鼓，气势宏大。

这就是说，如果我们从昆曲论起，昆曲就是老祖宗，徽戏继承于昆曲，并加入了安徽、江西的地方特色。徽戏进入北京之后，与北方的汉剧等剧种戏曲相结合，产生了京剧。

京剧在北方称北派，在上海称南派，北方名家几次南下到上海演出，加强了北派与南派的交流和结合，推动了京剧的发展。

故而，如果我们仔细地研究，就可以发现，昆剧与越剧文绉绉的戏文较多，而京剧却有着较多的大白话，而京剧中的唱念多用湖广音，却也夹杂着北京音，这都说明了京剧是一个杂交的产物。

要想讲清京剧"基因"里的全部要素是十分困难的，从以上叙述来看，京剧中起码内含着昆曲成分、汉剧成分、直隶梆子成分、评剧（蹦蹦戏）成分、徽剧成分等等，而其中的每一个成分，也都是杂交的产物，形成了你中有我、我中有你的混合。正是由于京剧杂交了东南西北各省各地区的戏剧因素，才能当之无愧地成为一种全国性的剧种，成为中国第一剧，而许多地方小剧种，由于没有经过如此多的融合、杂交，因此还只能在地方留传。因为将它们放到一个另外的环境中去，那里的观众听不懂，自然缺少了进戏院听下去的耐性。

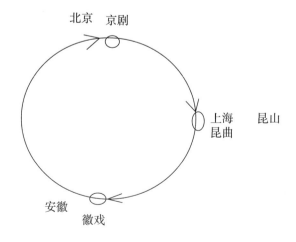

图 1. 中国的戏剧总是在相互杂交与融合的过程中

基因科学是这样认为的：

人类通过不断的进化，最终进化到了这般模样。在这样的进化中主要是基因的不断优化，但是这并不代表人类的基因正在慢慢更新。相反在人类的体内，存在着 145 个外来的基因，这些基因在远古时期就已经存在。

据国外媒体报道，目前，英国剑桥大学研究人员最新研究发现，人体包含着的 145 个"外来基因"，并非源自人类远古祖先。他们指出，这些人体必不可少的外来基因来自于远古时期寄居人体的微生物。

该研究挑战了科学家的传统基因遗传学观点，之前人们认为动物进化仅依赖于祖先物种遗传的基因，并且这一过程仍在继续。目前研究人员聚焦于水平基因转移（HGT）的使用，这种基因转移出现在生活于同一环境的微生物。研究报告负责人、英国剑桥大学阿拉斯泰尔·克里斯普（Alastair Crisp）称，这是首次证实水平基因转移广泛出现在动物体，其中包括人类，从而导致数十、数百个活跃外来基因的出现。

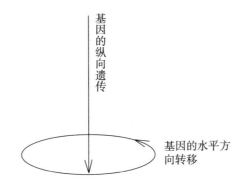

图2.传承到今天的基因总是纵向遗传与横向转移两种因素作用的结果

令人惊奇的是，这并不是一个罕见现象，看上去水平基因转移对于许多物种进化具有特殊意义，意味着我们应该重新认真思考人类进化历程。这项最新研究报告发表在 2015 年 3 月出版的《基因生物学》杂志上。

其实我们的文学（包括戏剧）作品也是这样的，拆解开来看，那里面既有中国古代的基因因素，也有外来入侵的基因因素——纵向父本、母本交配的遗传与横向相类物的干扰、杂交转移。这不仅仅是外因的强行介入，还包括我们各个语区、各个民族融会通合的潜移默化。如北方移民的几次南迁，到南地来居住，汉族与各少数民族之间杂居与通婚等等。每一首唐诗、宋词、元曲与今天的白话文章，都是如此地混杂之后再无缝连接的，都是外来入侵与本土文化的杂交产物。

我们来做一个形象的说明，在戏剧的生长、成熟过程中，第一任"文化大使"是元朝皇帝忽必烈，他带着北杂到了南方，与南戏进行了交流；第二任"文化大使"是明朝的成祖皇帝朱棣，他定都北京的时候，把南方文化带到了北京，使南戏与北戏进行了融合；第三任"文化大使"则是清朝高宗皇帝乾隆，是他让徽戏进了北京，与北剧进行了杂交，产生了京剧；第四任大使是那些京剧界的名流，是他们数次下江南（到上海等地），又使南北戏曲进行了一次相互大学习、大交汇。

请看今天的京剧，如《贵妃醉酒》中的一个唱段：

（唱四平调）
贵妃唱：
海岛冰轮初转腾
见玉兔，玉兔又早东升
那冰轮离海岛
乾坤分外明
皓月当空
恰便似啊嫦娥离月宫
奴似嫦娥离月宫
…………

再看越剧《追鱼》中的唱段：

张珍唱：
碧波潭微波荡漾，
桂花黄横影当窗。
空对此一轮明月，
怎奈我百转愁肠。
说什么姻缘本是前生定，
又谁知人情纸一张。

他金府三代不招白衣婿，

我张珍何时得中状元郎。

又听得一声声鲤鱼跃浪，

把月影散成了万点银光。

鲤鱼呀，你那里凄凉水府，

我这里寂寞书房。

我白衣你未成龙，

我单身你可成双。

咫尺间情愫难通。

空惹下满腹惆怅。

　　这些唱词实在是太美太雅，再加上音乐的伴奏，听起来的确是一种美的享受。我们都知道，一般的地方戏，土语土话更多一些，尤其是东北的二人转，那纯粹就是东北土得掉渣的"那疙瘩"话，但是京剧、昆曲、越剧，仍保持着这种"文绉绉"的风格，这些唱词如果没有一定的文学与历史的素养，是写不出来的，而这些唱词里，便带着宋词与元曲的基因，也混合了当地土戏曲的原始基因。

第八章　竺可桢气候曲线

绘出了中国文化运势

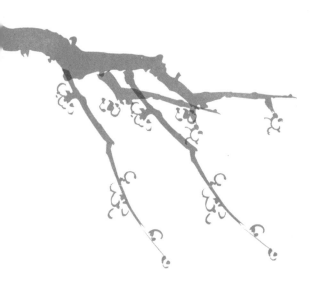

简述历史上文化高潮的勃起规律

中国文化的第一个高潮期：

诸子百家中以"子"为级别称呼的思想家，有孔子、孟子、墨子、荀子、老子、庄子、文子、列子、韩非子、商鞅、申不害、许行、告子、杨子、公孙龙、惠子、孙武、孙膑、吴起、张仪、苏秦、田骈、慎子、尹文子、邹衍、晏子、吕不韦、管子、鬼谷子等。

诸子百家是对春秋、战国、秦汉时期各种学术派别的总称，据《汉书·艺文志》的记载，数得上名字的一共有 189 家，著作 4324 篇。其后的《隋书·经籍志》《四库全书总目》等书则记载"诸子百家"实有上千家。诸子百家流传中最为广泛的是法家、道家、儒家、阴阳家、名家、墨家、杂家、农家、小说家、纵横家。

关于百家的划分，最早源于司马迁的父亲司马谈，他也是一个太史官。他在《论六家要旨》中，将百家首次划分为"阴阳、儒、墨、名、法、道"六家。后来，刘歆在《七略》中，又在司马谈划分的基础上，增"纵横、杂、农、小说"为十家。

刘歆在《七略》中是这样归类的：

（一）辑略；

（二）六艺略：易、书、诗、礼、乐、春秋、论语、孝经、小学；

（三）诸子略：儒家、道家、阴阳家、法家、名家、墨家、纵横家、杂家、农家、小说家；

（四）诗赋略：屈赋之属、陆贾赋之属、荀赋之体、杂赋、歌诗；

（五）兵书略：兵权谋、兵形势、兵阴阳、兵技巧；

（六）数术略：天文、历谱、五行、蓍龟、杂占、形法；

（七）方技略：医经、经方、房中、神仙。

对于这第十家的小说家，司马谈没有提到，刘歆也没有很好介绍，这乃是采集民间传说议论，借以考察民情风俗的一类人。《汉书·艺文志》云："小说家者流，盖出于稗官。街谈巷语，道听途说者之所造也。"

加上其后总结而成的《诗经》，说明在诸子百家澎湃兴起之时，"小说"（不是今天意义上的小说）与诗歌也在民间成长，不过，比起其他各家，它并未引起足够的重视。这是因为，那个时代统治者更需要如何统治与扩张的学说。

诸子百家时代是中华文化的黄金时代，其过程大约是在公元前500年至公元元年前后，总共有500多年的时间。但真正的高潮时段，是孔子诞生起（公元前551年）至其后200年的时间里。荀子、韩非子、商鞅（公元前395年—公元前338年）、吕不韦（公元前292年—公元前235年）基本上可以说是最后的学说家，即截止到公元前300年左右止。

这期间除了《诗经》，还有《左传》《国语》和先秦诸子的散文。

至于屈原与楚辞时期，代表人物的屈原（公元前340年—公元前277年）正处于以上的时间段里，他与荀子差不多同时，又处于同一个高潮之中，不再另计。

中国文化的第二个高潮期：

中国文化的第二个高潮是"两司马"时期，代表人物是司马相如（公元前172年—公元前118年）与司马迁（公元前145年—公元前87年？），他们的成名与发挥是在汉武帝时代（公元前140年—公元前86年），这也就是我们前面所说的汉赋时期。随着"两司马"集群出现的还有朱买臣、吾丘寿王、历助、主父偃、东方朔、枚乘、枚皋、终军等。不过，就像屈原的楚辞可以概括在整个先秦文化的高潮之中一样，汉朝时代的两个汉赋高潮也可以合并成一个高潮来说，因为除了汉武帝刘彻雅好汉赋外，隔他一代的汉宣帝刘询也好辞赋，他仿效汉武帝的故事，招揽了不少辞赋作家，如王褒、张子侨、刘向、华龙等，又延续了这个高潮，西汉末年东汉前期的著名辞赋家像扬雄、班固、张衡等都可以并入其中。但张衡（78年—139年）之后，辞赋已无高潮之言，因此我们可以断定，中国文化的第二个高潮，也就是两汉中的公元前的一百年至公元后的一百年，总共也有两百余年的时间。

这个时期里，虽然是汉赋独大，但是，汉代乐府民歌也不失为另一支文学劲旅，如《陌上桑》《东门行》《上山采蘼芜》，特别是《孔雀东南飞》，诗的故事性与戏剧性比《诗经》大大地加强了，标志着叙事诗走上了一个新的发展阶段。

中国文化的第三个高潮期：

中国文化的第三个高潮开始于"建安文学"，代表人物是我们通常所说的"三曹"（曹操、曹丕、曹植父子）和"建安七子"——孔融、陈琳、王粲、徐干、阮瑀、应场、刘桢。以此往下延续，还有阮籍与嵇康，再经西晋的太康、元康时期，这期间出现了陆机、潘岳、左思、刘琨等人，直到东晋的陶渊明。

从曹操（155年—220年）至陶渊明（365年—427年），时间也有200年左右。

在这个时间段里，由于出现了魏晋南北朝的四百年大动乱，朝代更替频繁，南北军阀割据严重，所以文学要形成一个完整的体系与高潮较为困难，呈现某种随机、散乱而混杂的状态。

中国文化的第四个高潮期：

这第四个高潮就是唐诗时期，这个时期实际上是从唐中期的唐玄宗朝开始的，内中含有两个小高潮，第一个高潮的代表人物是李白（701年—762年）、杜甫（712年—770年），而第二个小高潮的代表人物则是白居易（772年—846年）。

到了晚唐诗歌，随着国运的衰败，文学也提振乏力。唐亡之后，藩镇割据的局面延续了下来，形成了五代十国的分裂局面，其时北方战争频仍，文学毫无成就。只有南方十国之间，局势相对稳定，加上南唐、后蜀两国势力较强，经济与文化都有所发展，南唐皇帝李煜就是在这种情况下写了不少好词。

如果从李白出生或唐玄宗开元盛世（713年）算起，到唐朝灭亡（904年），也是200年左右的时间。

中国文化的第五个高潮期：

第五个高潮是宋词阶段，高潮的出现是在北宋的宋仁宗赵祯时代，其代表人物就是苏轼（1037年—1101年）而宋词的繁荣一直延续到南宋，其代表人物是李清照（1084年—1155年）、陆游（1125年—1210年）、辛弃疾（1140年—1207年）等。到了南宋中叶之后，虽然还有四灵诗派、江湖诗人，但很难说能泛起什么浪花了。如果以辛派词人与姜夔（1155年？—1221年？）的去世时间划一条界限，那么从苏轼的出生到姜夔的去世之间（1037年—1221年），仍有200来年的时间。

中国文化的第六个高潮期：

第六个高潮是元曲阶段。元曲与其他文学品种有一些不同之处，从唐代到宋金时期，有一段较长的戏剧形成期，北宋时在唐参军戏的基础上发展起来的杂剧和后来的金院本都是戏剧的雏形。因此，蒙古军队打开北京城，灭了金朝之后，在北方就开始了戏剧的繁荣。

金朝（1115年—1234年）是我国历史上继辽之后的另一个少数民族政权，它在灭辽之后，又消灭了北宋王朝，基本统一了中国北方。

在金亡前后，就有元好问的诗词（1190年—1257年）与董解元的《西厢记诸宫调》见名于前。继后元朝夺得北京大都之后，关汉卿（约1225年—约1300年）、王实甫（生卒年不详，与关汉卿同时代）之外，还出现了康进之、高文秀、纪君祥、古君宝、白朴、马致远等著名剧作家。而在南方，南戏也在悄悄成长，其著名的剧作家有高明，其代表作是《琵琶记》，还有施惠作的《拜月亭》等，当然还有新型的诗歌——元散曲。这个阶段一直从金末延续到明初。元朝的铁木真于1206年建国，1271年忽必烈定国号为元，1279年灭南宋，1368年元政权灭亡。总计162年，但是元曲却在金国的末代就已经盛行，只是不叫元曲而已，所以总体上说在中国这个时期戏剧的繁荣，也有200年的时间。

中国文化的第七个高潮期：

这个高潮是明朝的小说阶段。

《三国演义》与《水浒传》的出版，象征着小说高潮季的到来。

《三国演义》大约创作于元朝末年，现存的最早版本刊于明朝嘉靖元年（1522年），是由金华蒋大器（别号庸愚子）作的序。到了万历年间，新刊的版本不断出现。

《水浒传》出现在与《三国演义》差不多相同的时间，现在看到的最早版本，是明朝万历年间翻刻的天都外臣序本。

在这两部小说之后，各类小说不断地出现，大约从 16 世纪后期的隆庆、万历年间开始，由文人创作的白话小说日益增多。过去，小说一般都是由宋元话本改编的，到了这时，文人的自主创作小说开始出现了。这里面不仅有历史小说，还有神魔小说和世情小说。神魔小说《西游记》出现在明朝中叶，是由江苏淮安人吴承恩（1510 年？—1582 年？）最后完成的。世情小说《金瓶梅》出现于明代隆庆二年到万历十年（1568 年—1602 年），应当说它是由文人自主创作独立完成的，因此也有开拓性的意义。

虽然中国的两大名著《三国演义》与《水浒传》出现于明朝初期，但是真正的高潮还是应该计算在明朝中叶，这时候小说的数量开始十倍几十倍地增长。继后的时间段是在明世宗（嘉靖）到明神宗（万历）之间，即从 1522 年到 1620 年这个时间段里。在这之后，文坛也不寂寞，由冯梦龙编辑的"三言"——《喻世明言》《警世通言》《醒世恒言》，和崇祯年间，凌濛初编写的"二拍"——《初刻拍案惊奇》《二刻拍案惊奇》就出现在这个时间段里。

明朝立国 276 年，从成化年间（明宪宗）开始显现高潮（1465 年），至明灭亡（1644 年），这个高潮也持续了 200 年的时间。

中国文化的第八个高潮期：

这个高潮是清朝的小说阶段。由于清朝是少数民族进关统治了整个中国，颇有些像元朝的政权，所以一开始，它对文化的禁忌和文字狱的兴起，影响了文化的繁荣。康、雍、乾三朝大小文字狱就有一百多起，每起涉案人员多达几百到上千人。对于小说，尤其是他们觉得不利于清王朝统治内容的小说，一律要"严查禁绝"。但是，康熙与乾隆却又受到了汉族文化的熏陶，喜爱文学、戏剧、书法等，所以从清初到清朝的中叶，长篇小说和白话短篇小说集总共出版了一百五十余部。

如果我们将今天众所周知的清朝小说排一个序列，那么，标志性的作品有：

《聊斋志异》，作者蒲松龄（1640 年—1715 年）。

《儒林外史》，作者吴敬梓（1701 年—1754 年）。

《红楼梦》，作者曹雪芹（1715 年？—1763 年）。

《阅微草堂笔记》，作者纪昀（1724 年—1805 年）。

《说岳全传》，钱彩编次，金丰增订，此书写作不迟于乾隆九年（1744 年）。

《说唐全传》，现存有乾隆四十八年（1783 年）的刊本，作者不详。

《绿野仙踪》，作者李百川（1719 年？—1771 年？）。

《济公传》，约出现于清康熙年间（明隆庆年间已有《济颠》平话等）。

《野叟曝言》，作者夏敬渠（1705 年—1787 年）。

《镜花缘》，作者李汝珍（1763 年？—1830 年？）。

《施公案》，作者不详，现存道光四年（1824 年）刊本有嘉庆三年（1798 年）序文。

清朝末年，自鸦片战争之后，出现的小说属于近代小说，小说的传承仍在延续。

康熙继位于 1662 年，这是一个喜爱各类知识、附庸风雅且爱好书法的皇帝，假如我们从这位皇帝起算清朝文化高潮的成长期，到曹雪芹《红楼梦》的出现，标志清代小说的高潮到来，再延续到嘉庆、道光年间（道光帝在位于 1821 年—1851 年），那么整个高潮的时间区段也有 200 年的时间。

综上，中国历史上各个文化高潮的时间区段为：

第一个高潮：公元前 550 年至公元前 350 年左右，从《诗经》到楚辞阶段。

第二个高潮：公元前 100 年至公元 100 年左右，汉赋阶段。

第三个高潮：公元 220 年至公元 420 年左右，从"三曹"到陶渊明阶段。

第四个高潮：公元 700 年至公元 900 年，唐诗阶段。

第五个高潮：公元 1030 年至 1230 年，宋词阶段。

第六个高潮：公元 1200 年至公元 1368 年，元曲阶段。

第七个高潮：公元 1465 年至公元 1644 年，明朝小说阶段。

第八个高潮：公元 1662 年至公元 1851 年，清朝小说及其他文化样式阶段。

当然，我们在这里划分出时间段来，这个时间段只是一个概数，任何文化的发展与结束，都是一个循序渐进的过程，也有一个逐渐衰微的阶段。何时掀起高潮，何时渐走下坡路，都无法用"年"来断代，它总会承前续后一段时间。

从我们上面粗浅的划分就可以看出，掀起一个文化高潮后，大致要延续 200 年左右的时间。而且，这些高潮的间隔起初相距也有 200 年左右，但是越到后来间隔越短。如唐诗到宋词，大约相间 130 年左右，宋词与元曲无间隔，元曲与明小说相距 100 年左右，明小说与清小说也几乎没有间隔。这是因为：一、宋词最后的衰落在南方，而元曲最初的出现是在北方，对于中国那个时期而言，是两个国度中两个地区里发生的文化现象；二、小说，没有赋、诗、词这样的特色分野，加上"生产"它需要一个酝酿磨合过程（尤其是中国的话本小说），明清两朝看不出太大的间隔，所以历史学家就干脆放在一起，称为"明清小说"。还有第三个原因，那就是历史是在前进着的，社会文明程度的加大、人类智慧的提升以及今天世界文化交流的频繁（例如清朝的后期中国就出版了不少的外国翻译小说与哲学著作），文化品类也与时装潮流一样，以百年一变进展到十年一变，再进展到数年一变，这是历史进步的必然。

通过中国历史坐标看竺可桢气候曲线

以下是我国著名气象学家竺可桢先生所绘制的中国五千年气候变化曲线：

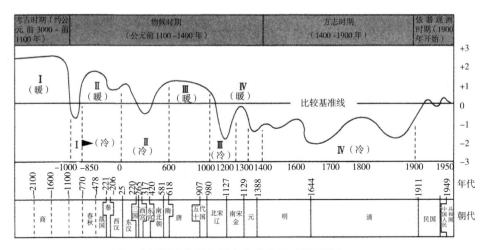

图 1. 中国历史上的气候变化曲线图（竺可桢）

由于中国过去没有测量温度、湿度的仪器，所以竺可桢将这幅图的绘制分成了四个部分。第一部分是"考古时期"，这是指用考古中的有限发现来判断气温的时期；第二部分是"物候时期"，这是指利用那时候在中国生长的树木、庄稼长势及迁移情况所判断的气候变化的时期；第三部分是"方志时期"，在这个阶段中，史志对于天候、气候开始有了记录；第四部分是"仪器观测"时期，即是指近代到今天的有仪器记录时期。

以下则是其他气象学家所绘的三千年中国气候变化表，它是以海面平均温度为标准，23℃以上属温暖，23℃以下则属冷寒。这幅图表与竺可桢所绘的图表有异曲同工之妙。

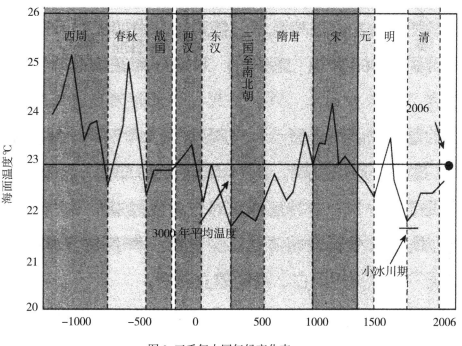

图 2. 三千年中国气候变化表

竺可桢在《中国近五千年气候变迁之初步研究》一文中指出：从仰韶文化到安阳殷墟文化的 2000 年间，黄河流域的年平均温度大致比现在高 2℃，一月份温度约为 3℃～5℃；此后的一系列冷暖变动，幅度大致在 1℃～2℃间，每次波动的周期，历时约 400 年至 800 年；历史上的几次低温出现于公元前 1000 年、公元 400 年、1200 年和 1700 年；在每一个 400 年至 800 年的周期中，又有周期为 50～100 年的小循环，温度变动的幅度为 0.5℃～1℃；气候的历史波动是世界性的，但每一个最冷时期，似乎都是先从东亚太平洋沿岸出现，而后波及欧洲与非洲的大西洋沿岸。

在近五千年的时间中，竺可桢的具体分析如下。

一、考古时期（约公元前 3000 年—前 1100 年）

可以说 5000 年前的仰韶到 3000 年前的殷墟时代是中国的温和气候时代，比现在年平均温度高 2℃左右，正月的平均温度高 3℃～5℃。

二、物候时期（公元前 1100 年—公元 1400 年）

周初温暖的气候不久就恶化了，汉江在公元前 903 年和 897 年就两次结冰。但是，到春秋时期（公元前 770 年—481 年）又和暖了。

三、方志时期（公元 1400 年—1900 年）

近人曾经根据 665 种方志统计了太湖、鄱阳湖、洞庭湖、汉江和淮河的结冰年代（13 世纪至 20 世纪），以及近海平面的热带地区降雪落霜年数（16 世纪开始）。从这些材料可以看出，我国温暖冬季是 1550 年—1600 年和 1720 年—1830 年间。寒冷冬季是在 1470 年—1520 年、1620 年—1720 年和 1840 年—1890 年间。以世纪来分，则以 17 世纪为最冷，19 世纪次之。上面谈到 15 世纪到 19 世纪冬季是相对寒冷的，最冷的是 17 世纪，特别是公元 1650 年—1700 年间。

四、仪器观测时期

风向仪和雨量计在明朝以前就应用了，到 1911 年，当时的中国政府才建立正规气象站。明朝初期，量雨器分布于全国不同地区，1424 年，朱棣（明成祖）下令地方长官每年向朝廷报告雨量，借以估量各个地区的农业生产。

清代得出的结论是，1801 年到 1850 年期间比其前 1751 年—1800 年期间和其后 1851 年—1900 年期间为温暖。

在互联网上，有一位叫波多尔解衣的网友在百度贴吧与大家讨论"中国历史文明变化与世界气候惊人的'巧合'"，讲的是中国的气候与文明的关系，而他对气候论述部分主要引述的是张全明的论文《中国历史时期气候环境的总体评价》，同时又依据陈业新的《战国秦汉时期长江中游地区气候状况研究》等文献。

由于文章太长，所以笔者在引录时作了更多的缩减。

第一个时期：温暖

迄今 1 万多年前开始，冰川大量融化，气候显著转暖，在公元前 3000 年—公元前 1000 年左右，年平均温度比现在高 2℃左右，最冷月温度约比现在高 3℃～5℃，黄河两岸竹子遍地都是，当时的海平面很高，延伸到目前的扬州地区，这是中国文明史载的第一个温暖期。这一时期正是中国的尧、舜、禹、夏、商和西周时期，奠定了中华民族的文明基础。

第二个时期：寒冷

公元前 1000 年左右—公元前 850 年的西周后期，是中华文明历史的第一个寒冷期，降温幅度较大，但持续时间很短。公元前 995 年，周昭王即位，两次伐楚，皆属不义，亦皆失败，空耗国力，西周从此走向衰败。周孝王七年（公元前 903 年），厉王生，冬大雨雹，牛马死，江、汉俱冻，汉水结冰。

公元前 850 年—公元前 770 年，气温迅速回升期。这是宣王复兴时期，但两周的总的衰落趋势已无可挽回。

第三个时期：温暖

从公元前 770 年—公元前 476 年，是中华文明历史的第二个温暖期，据《左传》《诗经》等古籍记载，那时山东冬季经常无冰，齐鲁地区可一年两熟，并多见竹子、梅树一类的亚热带植物。

公元前 771 年，周幽王被杀，西周灭亡，开始了东周春秋时代，这一时期，国家虽然分裂，但还没频繁发生战争，先后诞生了对中华文明史影响深远的两位圣人——老子和孔子，分别创立了道家、儒家思想文化。

第四个时期：寒暖

公元前 476 年—公元前 100 年，从战国初期一直到西汉，挪威雪线显示世界气温迅速下降，而中国的气温在竺可桢的气候变迁图上只是略有下降。

公元前 476 年开始东周战国时代，先有墨子、庄子、孟子、荀子、管仲、商鞅、韩非子、苏秦、张仪等诸子百家争鸣，民众思想文化空前混乱，随之而来的是政治军事混乱，这是中国文献历史记载的第一个大动荡历史时期，之后由秦始皇统一中国，接着，刘邦建立了中华民族文治武功第一个最强盛的大汉朝代。

第五个时期：温暖

公元前 100 年—公元初年，气温明显回升，西汉中后期为温暖湿润的气候环境。华北北部的渤海湾出现大范围海侵现象，即"九河之地已为海所渐"。

这是汉武帝刘彻统治时期（公元前 141 年—公元前 87 年），他北抗匈奴，南灭三越，东征朝鲜，西抚西域，为后代奠定了辽阔的疆域基础；他采纳董仲舒"罢黜百家，独尊儒术"的建议，为后来 2000 年的中国历代树立了思想文化、政治制度的样板。

第六个时期：寒冷

公元初年—公元 600 年，这是中华文明历史的第二个寒冷期，平均温度比现代要低 1℃左右。这是中国历史自春秋战国以来的第二次大分裂期，但时间延长了两三倍。

王莽天凤三年（公元 16 年）二月乙酉，地震，大雨雪，关东尤甚，深者一丈，竹柏或枯；王莽天凤四年八月，大寒，百官人马均不乏冻死者。

公元 1 年，王莽被封为"安汉公"，公元 8 年王莽篡位，结束了西汉王朝，在此期间，北方出现了严重和集中的降温事件，气候开始了由暖而寒的历史转变。

之后光武中兴，在接下来的东汉明帝、章帝的"明章之治"时期，寒冷事件虽仍不时出现，但无论数量上，还是连续性，都无法与公元初年相比，表明降温至此开始减弱，气温有所回升，并偶尔出现"冬无宿雪"的情况，气候再度呈现出温暖的态势，但从整个历史长河来说，这只是回光返照的一瞬间。

公元 180 年—公元 600 年，东汉后期，汉灵帝光和六年（183 年）冬，大寒，北海、东莱、琅邪井中冰厚尺余；献帝初平四年（193 年）六月，寒如冬时。此次波动为魏晋气候大降温的前奏，自此开始了长达约 400 年的寒冷气候时期。公元 241 年 1 月襄阳大雪，平地雪深三尺；公元 331 年 8 月成都大雪；公元 366 年，从昌黎到营口的渤海海面连续三年冰冻，冰上可过往车马与军队。

公元 172 年，张角创立了太平道，公元 184 年发动黄巾军起义，继而导致东汉灭亡，形成了后来的三国两晋南北朝。历时 400 多年的南北朝多代分裂时期，礼教尽失，百姓痛苦不堪。

但中间有一个偶然升温阶段，公元 401 年由极端寒冷迅速攀升到极端温暖，413 年后又迅速降温。公元 401 年—413 年，是近 2500 年气候最温暖的一段时期。这段时期处于东晋末期，科研人员将这次温度突变命名为"东晋事件"。

公元 401 年，后秦高祖姚兴打败后凉吕隆，迎请鸠摩罗什到长安，尊奉其为国师，公元 413 年鸠摩罗什圆寂。曾经对后来中国历史文化产生重要影响的大乘佛经，几乎都是由鸠摩罗什翻译的。

第七个时期：温暖

公元 600 年—1100 年，是中华文明历史的第三个温暖期。唐朝时期的长安，数冬无冰雪，可种梅花与柑橘，柑橘果实味道与四川的一样。公元 7、8 世纪，唐代前期气候转暖期，黄河流域气候一度转暖，长安盛开只能抗御零下 14℃最低温度的梅花，长江中下游地区的柑橘基本无冻寒。

公元 589 年，隋文帝与秦始皇一样，第二次统一了中华版图，30 年后，开始了中华民族文治武功最强盛的大唐朝代，佛教信仰空前兴盛，一直延续到整个北宋。

但公元801年—公元960年，自唐贞元十七年气候转寒，一直延续到唐末、五代十国。北宋初期，不得不撤销了唐代在河南博爱地区设置的司竹监，此事与唐末、五代时期的气温下降，竹林规模缩小有关。

这也是中国历史继春秋战国、三国两晋南北朝之后的第三次大分裂期，若算上两宋，时间很长（按汉唐版图，两宋也是国家分裂期），不算两宋，时间很短。

公元965年—994年出现气候极暖期，北宋资料中较多记载北宋初期开封有多年的冬无霜雪纪录，象和鳄鱼这两种热带动物尚分布于中原和华南。这是宋朝皇帝宋太祖与宋太宗执政时期。

第八个时期：寒冷

公元1100年—1260年，是中华文明历史的第三个寒冷期，公元1111年太湖全部结冰，且可行车；12世纪中苏州南运河多次结冰，需破冰行船。杭州地区在公元1131年—1264年间，春天下雪就有41次之多，有时四月份还大雪纷飞。

这个寒冷时期，开始于宋徽宗执政时期（公元1100年—公元1125年），他信奉道教，重用蔡京、童贯、高俅、杨戬四大奸臣，穷奢极侈，荒淫无度，后被大金国囚禁于五国城（黑龙江省依兰县），导致大宋王朝退出中原，偏安一方的南宋王朝已不能代表真正的中国，还把寒冷气候从北方带到了杭州。

第九个时期：温暖

公元1260年—1400年，是中华文明历史的第四个温暖期，在南宋时期消失的黄河两岸竹子又重新广泛分布，但这次不如隋唐时期那样温暖，时间也较短。

公元1260年，忽必烈称汗于开平，之后灭南宋，完成了中国版图自秦始皇、隋文帝以来的第三次大统一。

第十个时期：寒冷

公元1400年—公元1870年，是中华文明历史的第四个寒冷期，温度比现代要低1℃～2℃，甚为严寒。

1368年，朱元璋建立大明王朝，1398年皇太孙朱允炆继位，号建文帝。但朱元璋四子朱棣1399年发动军事政变夺取皇位，为明成帝，其武功与唐太宗相似，但在文化方面，与唐宗汉武相差甚远，继续把功利化儒学（宋朝理学）当作正宗，尽搞一些对国家思想文化无实质意义的面子工程——"永乐大典"，文治不成，才独创性地建立了东厂等特务组织，为后代吏治树立了极坏榜样。

公元 1580 年—1670 年最冷，苏北双季稻完全绝迹；江南湖泊河流经常结冰，双季稻所剩不多；经营千年的江西柑橘种植业在 17 世纪中被二次严冬所摧毁，1670 年，长江都几近封冻。

1580 年—1670 年间，正是明末清初国家最乱的时期。明朝万历皇帝执政（1572 年—1620 年），初期重用张居正，国力中兴，气温也略有一个短暂回暖（见竺可桢的温度曲线），但张居正 1582 年死后却被定为"大奸"，万历皇帝自此 28 年不上朝，后连续在西夏、播州、朝鲜作战，国力大降，明朝从此开始走下坡路。

明朝末年的崇祯时期，天气到了 1000 年一遇的最低点，称为小冰河时期，因此粮食减产，虫害增加，北京城与河北地区鼠疫流行，大明江山由此更换了大清的旗帜。这个小冰河时期不长，到了康熙与乾隆时期，天气又迅速转暖，出现了康乾盛世（1681 年—1796 年）。

气候变化直接影响了文化的发展

从以上叙述，我们知道了气候的这种周期性变化之后，就知道了朝代的兴替与文化的繁衰之间的密切关系了。

我们在本章第一节中列出的**文化第一高潮是在公元前 550 年至公元前 350 年（从《诗经》到楚辞阶段）**，这个时段正是处于上述第四个时期中：温暖略寒时期，即公元前 476 年—公元前 100 年。

文化的第二个高潮是在公元前 100 年至公元 100 年（汉赋阶段）。在这第五个时期中，主题词是：温暖，即公元前 100 年—公元初年，公元初之后的 100 年略有下降，也有上升，还算是温暖区段。

文化的第三个高潮从公元 220 年至公元 420 年，这时的平均温度比现代要低 1℃左右。这是中国历史自春秋战国以来的第二次大分裂期。

这是建安文学（三曹）到西晋文学（陆机、潘岳、左思）到东晋（陶渊明）南北朝（谢灵运、谢朓、鲍照）时期，由于天寒与战乱的原因，所以文学、文化上基本上形成不了一个相对集中的高潮，如果我们还称它有一个高潮，那么这个高潮也是散乱的，零落的。

在这段时间里所以有一个文化的高潮，是因为两头盛，中间衰，从竺氏的图表中可以看出，在这个时间段上有一个 U 型存在，大致地说，公元初年—200 年左右，是从高处下行阶段；从公元 200 年—400 年，是盆底阶段；从公元 400 年—600 年，是从盆底上升阶段。正是由于两头都处于基准线以上，所以还能形成一个不集中的高潮。

文化的第四个高潮：公元 700 年至公元 900 年，唐诗阶段。

这正处于历史气候的第七个时期，温暖期（600 年—1100 年）中间。

这是中国历史的第三个温暖期。唐朝时期的长安，数冬无冰雪，可种柑橘，柑橘果实味道与四川的一样。公元 7、8 世纪，唐代前期气候转暖期，黄河流域气候一度转暖，长江中下游地区的柑橘基本无冻寒。

麟德元年（664 年）豫北出现"冬无雪"。仪凤二年，豫西、豫北、豫南均有"冬无雪"的记载，垂拱二年，豫西"冬无雪"。从武则天长安元年（701 年）至天宝年间，气候仍然以暖为主。长安三年（703 年）、大历元年（766 年）、大历十二年（777 年），河南地区都有"冬无雪"记载。

而唐玄宗在位时（712 年—756 年）正好是气候十分温暖的时候。这说明了唐朝诗歌的第一个高潮中的诗人们，就生活在这个舒舒服服的时代里。

直到贞元十八年（803 年），是德宗在位期间，"冬十月频雪"；豫西地区在元和八年（814 年）"东都大寒"。不过，真正的寒冷要到公元 1100 年后才到来，所以，唐诗之花开得艳丽而灿烂。

文化的第五个高潮：公元 1030 年至 1230 年，宋词阶段。

宋朝时的气候，以上两图的显示略有不同，竺可桢先生的图上，是下降的，而另一位专家所画的图上，则是上升的。最高处似乎比唐时还高。但上面提及的文章说，北宋初叶（960 年—985 年），出现了气候极暖期，北宋资料中较多记载北宋初期开封有多年的冬无霜雪纪录，象和鳄鱼这两种热带动物尚分布于中原和华南。这是宋朝皇帝宋太祖与宋太宗执政时期。

宋朝中叶（985 年—1192 年）开始，温度开始下降。

我们所说的宋朝文化的第一个高潮期，是繁荣在宋仁宗时期，宋仁宗在位 41 年（1023 年—1064 年），正是气候从温暖开始走向寒冷的初期，还算是个"好时候"，再往下天气就日趋寒冷了。

由于天气变冷以及游牧民族向南迁移的双重压力，北方广大地区的农民纷纷南迁，并造就了中国人口和经济重心的南移。

而同一时期，金朝灭了北宋，赵构在南方建立了政权，所以许许多多的文人学士也都迁到了临安。南方比北方暖和，农产品的商业化水平本来也高于北方。宋代南方的商业性农业和多种经营呈现一派繁荣景象，像桑树、苎麻、棉花、桐树、荔枝、龙眼、甘蔗、大豆等的种植已使部分农民以商品化生产为生，他们与市场的联系比传统自然经济下的农民更加频繁，以农产品为原料的手工业生产，如丝织、麻织、棉织、制茶、榨糖、榨油、制盐、冶铁、制瓷等也得到很大发展，这又使宋词获得了再生的土壤。这就是虽然天气在转冷，但宋词还有生存的土地的原因。

文化的第六个高潮：公元 1200 年至公元 1368 年，元曲阶段。

这个高潮正处在历史气候的第九个时期中：温暖（1260 年—1400 年）期。

正因为天气转暖，人类的活动力加强，公元 1260 年，忽必烈称汗于开平，之后灭南宋，完成了中国版图自秦始皇、隋文帝以来的第三次大统一。

正因为处于温暖时期，元曲的发展就恰逢其时了，元曲的高潮期，是在温暖中到来的。

文化的第七个高潮：公元 1465 年至公元 1644 年，明朝小说阶段。

在第十个时期（1400 年—1870 年）中，天气是寒冷的，这是中华文明历史的第四个寒冷期，温度比现代要低 1℃～2℃。

明朝文学创作的突出成就是小说，这些小说有些是从宋元时代的话本到小说的长期群体创作的成果，只是到了这个时候发表出来罢了。而有些则是文人个人创作的成果，而非集群生长的现象。

气候对于文化的影响，实在是不可忽略的一个因素，明朝的前 100 年和后 50 年文学与文化几乎无繁荣可言。

公元 1580 年—1670 年气候最冷，苏北双季稻完全绝迹；江南湖泊河流经常结冰，双季稻所剩不多。1670 年前后，长江几近封冻。

明朝末年的崇祯时期，天气到了 1000 年一遇的最低点，称为小冰河时期。这个时间段里，整个华北及北京的情况是怎样的呢？

武汉晚报在 2008 年曾刊登过这样一篇文章，题为《老鼠是压垮明朝"稻草"？明末北京鼠疫流行》，现摘录下：

　　1644 年，农历 3 月 15 日，闯王李自成率大顺军抵达北京城北郊的居庸关。这里是北京城的最后一道天险，然而关隘却无人防守，明朝总兵唐通出降。接下来发生的事，人人皆知：李自成的队伍势如破竹，在3月18日攻破北京城，朱由检吊死在景山一棵老槐树上。

然而，1644年3月李自成所面对的北京，实际已是一座疫病蹂躏的鬼城。这场大疫，是从崇祯六年（1633年）到崇祯十七年（1644年）间流行，发源地大致在山西的兴县，然后到大同，再到潞安。接着，鼠疫传到陕西的榆林等地。崇祯十四年时，大疫传到河北大名府、顺天府等地，那里的地方志上，都有"瘟疫，人死大半，互相杀食"的记载。崇祯十六年，也就是北京城破的前一年，北京也发生大疫。

到崇祯十六年四月时，北京每天死人上万，以至于城门都被运出的棺材堵塞。沿街的小户居民，十之五六死去，死在门口的最多，街头连玩耍的孩子都没有了。有一个统计数字，这场大疫夺走20万北京人的性命，而北京城当时的人口，估计在80万到100万，也就是说，每四到五个北京人中，就死掉一人，"堪称是一场超级大瘟疫"。当时的北京城里盛传种种白衣人勾魂的流言，一到晚上，民间整夜敲击铜铁器驱鬼，"声达九重"，官方也没法制止。

可以想象，这时驻在北京的明朝军队怎能幸免于瘟疫。当时在北京的明朝军队，名义上说有10来万，大疫过后，少了一半。按一位明朝遗民张怡的说法，当时李自成的队伍杀过来时，能上京城城墙上防守的军人，连1万人都凑不齐。不但是士兵、小贩、雇工大批倒毙，北京城连叫花子都找不到了。当时的守城将官低声下气求人来守城，"逾五六日尚未集"，朱由检下令让太监三四千人上了城墙。到了李自成兵临城下时，北京内城上五个城垛才有一个士兵，而且都是老弱病残，"鸠形鹄面，充数而已"，3月17日李自成已经到了西直门时，京城还没什么像样的防御，而士兵们每天只有百余文钱去买粥充饥，怎能抵挡李自成的精锐之师？

有史料说，当时的明朝军队打仗时，士兵躺在地上不肯动，军官"鞭一人则一起"，可是这个起了那个又趴下，说他们是军心涣散也罢，全无斗志也罢，或许，这都是一群半死的病人？

但是，这里仍有疑问。首先就是，李自成的队伍攻进一个大疫之城，他们自己难道不会被传染？专家对此的解释是，李自成进城的时刻恰逢其时。正好到这个时候，北京的腺鼠疫已经基本平息，而肺鼠疫，因为天气转暖，还没能流行开来。

这里要解释一下腺鼠疫与肺鼠疫。一般人们都知道，鼠疫是一种由老鼠传染的烈性传染病。具体说，是由老鼠身上所带的跳蚤，将鼠疫杆菌传染给了人。这是腺鼠疫。腺鼠疫的显著特征，就是淋巴结肿大溃烂。而肺鼠疫，常常是由腺鼠疫转化而来，表现为剧烈胸痛、咳嗽、吐血。肺鼠疫的厉害，在于它是人与人之间的传染，已经不需要老鼠作为中介。但是肺鼠疫的流行一般都是在冬天，需要在气温低的条件下。

灾荒、疫病、战争，1640 年代的中国，这几种因素相互影响，相互作用，使得神州大地生灵涂炭，山河破碎。据学者统计，明清易代之际，因非正常死亡，中国的人口减少了约四五千万。

是这个天气，这一场腺鼠疫断送了明王朝，也阻碍了明朝文化的昌盛。这个小冰河期不长，到了康熙与乾隆时期，天气又迅速转暖，造成了一个康乾盛世（1681 年—1796 年）。

文化的第八个高潮：公元 1662 年至公元 1851 年，清朝小说及其他文学样式阶段。

清文学所表现的中国文化的第八个高潮，其实仍在历史气候的第十个时期的寒冷天气之中，不过，在康乾盛世这个短促的阶段，确是存在着气候上升的现象，不仅如此，在明清两朝，虽然整个气候都处于寒冷期，但是我们观看了竺可桢与其他气象学家所画的曲线之后，证明这两个阶段中，在其中期都有气候的高潮出现，只是总体处于基准线以下而已，而在另一幅图表上，明朝的气候也还有一个比宋朝时略低一些的小高峰存在。

这个结果不难理解，凡是一个气候温暖的时期，适合人的生活与活动，那么必然也适合这个时代的政治、经济的繁荣，有了社会的安定与经济的繁荣，自然文化也会繁兴起来。

由此可见，在中国历史的五千年中，存在着这样一个周期规律：暖——寒——暖——寒——暖的循环变化，于是政治、经济与文化也就出现了高潮——低潮——高潮——低潮——高潮这样周而复始的现象。在这种周期发展中，滚动出了我们中国民族的汉赋——唐诗——宋词——元曲等等文化的起伏。虽然其间有些错落不一致的地方，但是基本的规律是存在的：那就是在一个社会中，如果其中的一段天气温暖、政治清明、社会安定、经济繁荣，那么在这一段中就会产生出一个文化高潮来。愈是温暖与安定的时间长，这棵文化的大树就愈是根深叶茂。

在旋动中出现的文化低潮与高潮

今天的科学告诉我们，地球是椭圆的，它自转着也随着太阳公转。地球的自转，给了我们第一个周期，这个周期是一昼夜。

地球绕太阳转，给了我们第二个周期，这个周期是一年。

还有月亮绕地球旋转的周期，以及太阳的八大行星绕太阳旋转的周期，这些绕动都会发出一种周期引力。

太阳也有自转与绕行银河的公转。

银河系本身也有着自转与公转。银河系还绕着本超星系团的中心——室女星系团在做着公转。这公转周期大概是 1000 亿年。

一天的周期，有白天与黑夜，白天暖，黑夜寒；一年的周期，有四季的区分，夏天暖，冬日寒。

太阳是银河系的一员，银河系的中心（简称为银心）是它的"太阳"。它是一个半径约 1 光年的炽热的核，离它越近，温度越高，反之，则温度变低。太阳每 2.5 亿年绕银心一周，称为银年。把一银年分为春夏秋冬四季，那么每银季约为 6250 万年。太阳绕银心的轨道是一个扁长的椭圆。当太阳公转到接近银心的位置时，公转速度加快，动能增大，热量增加，蒸发加剧，太阳风增强，这便是太阳的"盛夏"到了；在太阳远离银心时，公转速度减慢，动能减小，热量降低，蒸发减弱，太阳风减小，太阳也便进入了"严冬"。目前，太阳正背离银心向天鹅座方向行进，也就是说现在的太阳正处在银秋季节。

这样看起来，竺可桢先生所画的温度曲线并不是只有一个太阳或月亮影响地球的单一曲线，我们生活在宇宙的"大包裹"之中，有十几个到几十个星球、天体影响综合地施加在我们地球上，也有多个层次的星系、超星系在对我们施加影响，所以，这是一条大周期套着小周期的复合曲线。这条复合的周期曲线既约束着地球与人的生活，自然而然也约束着一个国家、一个朝代的发展。

所以，竺可桢用细致考察所画出来的曲线具有几个大小周期的表征就一点也不奇怪了。

它的第一个表征：千年周期率。从公元前 2000 年（西周）起是一个温暖阶段，到公元前 1000 年至公元前 850 年转为寒冷；再过 1000 年的温暖期，到了公元初年至 200 年左右又转为寒冷；又过了 1000 年，到公元 1000 年—1200 年就又转化为寒冷期了。公元 1200 年—1900 年就进入了寒冷周期，然后又上升到平均温度以上，进入了新的阶段。

第二个表征：400 到 800 年的周期，温度升降范围为 1℃ ~ 2℃。

第三个表征：50 年至 100 年的周期，温度升降范围为 0.5℃ ~ 1℃。

这两个周期都由竺可桢先生提出，在前文的暖寒周期变化中也做过描述，所以不在这里重复了。

所谓的周期率，就是一种螺旋式上升的周期规律，在每一个朝代走向"春分"到"夏至"阶段时，就会出现第一个文化的高潮，从"夏至"走向"秋分"时，会出现第二个文化高潮，然后就衰弱下去。与此同时，政治经济也呈现出周期性的繁荣，朝代也随之更迭变化。这就是中国历史文化的周期率。

请看下图：

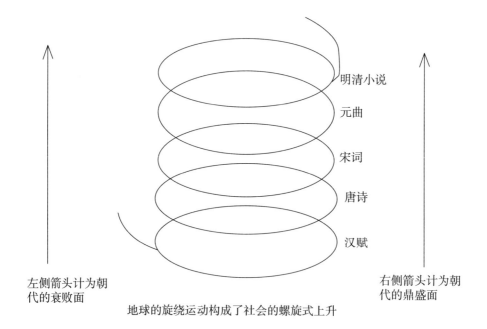

左侧箭头计为朝代的衰败面　　　　　　　　　　　右侧箭头计为朝代的鼎盛面

地球的旋绕运动构成了社会的螺旋式上升

再下面这幅示意图表示：外在的气候变迁，牵动着社会的和平与动乱，同时也牵动着文化的繁荣与衰弱，文化的高低潮现象，基本上与气候的温暖与寒冷是有着千丝万缕的联系的。

这是一张示意图，一条粗黑的曲线代表与竺可桢所画相似的曲线——历史气象曲线；另一条浅淡的曲线代表文化发展曲线，文化发展的周期规律大体与气象曲线相似，但也有一些不一致的错位之处

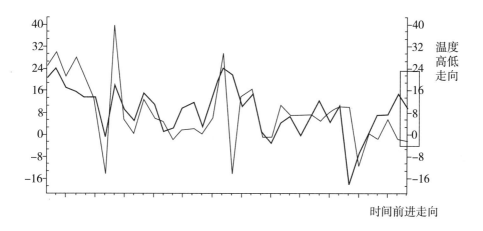

为了进一步说明这个结论，我们再引录两幅其他专家所画的中国历史气温曲线：

图一：

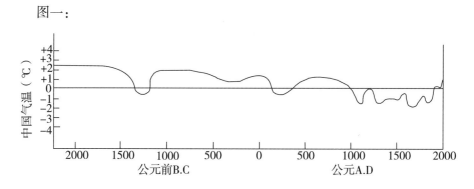

在图一这张四千年的气候变迁图表中，我们可以看出：第一个气候下降期在商朝后期到西周时期，我们可以不必管它，而第二个下降期则在魏晋南北朝时期，由于动乱与大量的难民南迁，在四百年中，虽然还可以说有一个文化的高潮，但比较散乱，也不如汉赋与唐诗那样成就辉煌。第三个温度下降期在公元 1000 年以后，开始于北宋后期到清朝末年（最低谷在 1100 年—1200 年，

也即南宋时期）。自那之后，温度一直处于基准线以下，但是其中也有两次小的上升，在明朝中期和清朝中期，所以那时也有两次文化的高潮，即明清小说，但是也不如汉赋与唐诗辉煌。

图二：

中国历史之气温变化

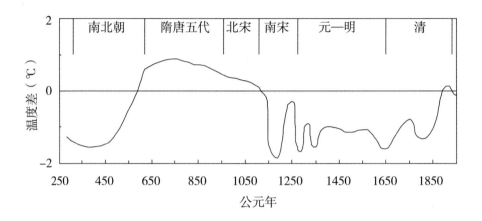

而图二则是一幅从公元 250 年至 1850 年的气候图，只描画了 1500 年的情况，在这幅图中，是从低温开始，那就是公元 250 年—600 年，正是魏晋南北朝时期。北宋之前的隋唐是个温暖时期，所以才有唐诗与宋词高峰出现。1050年之后，气温都在标准线以下，但是也出现了几个小的升温，第一个升温期是元曲阶段（1250 年前后），第二个升温期是明、清时期，也与上图一样，到了1850 年之后攀升到了平均气温 0 摄氏度。

据此，我们可以绘制出如下的图表，来说明中国文化高潮在当时所处气候的情况。

历史朝代	代表文化	辉煌指数	当时的气候状态	气候状态说明
两汉	汉赋	一级	温暖，西汉后期略有下降	汉武帝时期最为温暖
魏晋南北朝	建安文学等	三级	寒冷，U 型结构	中华文明第二个寒冷期
唐朝	唐诗	一级	温暖	公元 600 年 –1100 年是中国历史上第三个暖期
两宋	宋词	一级	温暖，北宋后期有下降	从宋徽宗时起气温下降

续表

历史朝代	代表文化	辉煌指数	当时的气候状态	气候状态说明
元朝	元曲	二至一级间	降至基准线以下，中期有上升	公元 260 年 –1400 年短暂温暖期
明朝	小说	二级	同上	公元 1400 年 –1870 年，是中华文明第四个寒冷期。
清朝	小说	二级	同上	明朝末年崇祯时期，天气到了小冰河期，康乾时期，天气又迅速转暖。

图 3.中国历史上数次文化高潮与气候的关系

注：以上对于文化辉煌指数的评级是作者做出的，恐有失当之处，请专家指正。

从图与表中，我们完全可以看出，气候温暖是造就中华民族文化辉煌的一大原因。而气候愈是温暖，温暖期持续时间愈长的时期，文化的成就就愈是辉煌。

气候变化对文化有一定的影响，许多人可以承认，但若像本文中提出来的那样，气候与文化有如此至关重要的影响，许多人就会提出异议来了。这有点像这样一个例子：在 2015 年 11 月 14 日，美国民主党总统候选人伯尼·桑德斯在一场初选的辩论中，借巴黎的恐怖袭击呼吁采取行动解决气候变化问题。但他的呼吁引发了政治圈内人士的一片嘲笑，这位候选人的观点是：恐怖袭击与气候有着直接的关系，气候变化是政治动荡的根源。

这个观点受到了政治家的嘲笑，但是许多的学者和国家安全专家均认为，气候变化是导致世界动荡的原因之一，而恐怖主义可能在动荡的世界中兴风作浪。美国军事官员称，气候变化像"威胁乘数"，遇上恐怖主义等威胁国家安全的问题会加大它们带来的损害。2014 年的一份来自美国政府权威机构的报告称，气候变化是政府动荡的根源，可能导致许多人背井离乡、破坏基础设施，并导致疾病的扩散。

这份报告中描述的局面与叙利亚的实际情况存在着惊人的相似性。这个中东国家历史上最严重的旱灾给农民带来了不稳定，威胁到粮食的供应。与此同时，面对好战组织和背井离乡的数百万叙利亚人——威胁到了欧洲的难民潮，政府却紧紧地抓住权力不放。美国国务卿约翰·克里在 2015 年 10 月的一次发言中就这样说过,"我不会告诉你叙利亚危机是由气候变化造成的。但是,这次毁灭性的旱灾明显让糟糕的局势变得更加恶化。"

这篇刊登在美国《时代》周刊网站上的文章似乎与我们所讲的文化高潮无关,但其实关系极大。任何的气候恶化都是一种"威胁乘数",其效果都会在各个方面呈乘数扩散与扩大。气候好政治经济也就好,文化也就会繁荣昌盛,这个结论应该是肯定的。

第九章　《红楼梦》中的中国文化基因

生根于历史典籍中的小说

在先秦时代，无论是上层的社会生活，还是下层的民间活动，作为如影随形的文化配属，既有诗歌、散文、词曲，也有小说，起码可以说是小说的雏形都已产生出来了，以司马迁的《史记》为例，那里面的《廉颇蔺相如列传》，其中的"完璧归赵"、"渑池之会"、"廉蔺将相和"都具有了相当完整的情节，只是由于司马迁的语言过于简练，无法将情节展开来罢了。再如《李将军列传》，则通过李广抗击匈奴的几个细节来表现他的勇敢，都具有了小说的味道。

到了魏晋时期，就有了《搜神记》等志怪小说；到了唐代，产生了传奇小说。这其中就有蒋防的《霍小玉传》、沈既济的《任氏传》、元稹的《莺莺传》、陈鸿的《长恨歌传》、白行简的《李娃传》等等。可见，小说这种类型，在很早时候就有了萌芽状态的"细胞"、孕育与成长的事实。

到了宋代，这种说话、讲故事的艺术又有了发展，那时可分成四个门类：一是小说，又名银字儿，有讲有唱，用银字笙、银字觱篥伴奏，专门讲述短篇小说；二是说经，直接由唐代俗讲演变而来，包括说参请，说浑经等，都是讲一些宋朝与前代的故事；三是讲史，只说不唱，演述长篇历史故事；四是合生，两角色合作演出，一人指物为题，另一人应命成咏。

无论说故事还是讲史、讲经，必须得有"讲稿"——话本，这实际上就是明清小说的雏形。《三国志平话》描述三国纷争的故事，已经具备了后来《三国演义》的主要情节。而《薛仁贵征辽事略》是从新旧唐书《薛仁贵传》中摘取、演变的，在演变中添加了不少的虚构内容。还有《武王伐纣平话》取自历史史书，再生发演义。这都说明，发端于明清的小说，并非是无源之水，无根之木，每一部小说都能追寻到它的源头，看出它们基因的传承。

我们试想一下，在先秦时代，由于纸张还没有发明，人们在竹简上写字，这种艰难的文字表达处境当然不可能产生几十万字的长篇小说，而只能用简洁的语言抒写短小的故事。但是，随着人类科技的进步与活动的日益频繁化，诗词短文肯定满足不了广大受众的需求，人们需要更多更深视听上的享受，如此，更长的更具充足内容的长篇巨著就有了出现的可能。而这其中的规律又总是这个样子的：先是从史籍中摘取一些真实内容来，然后由说书人（讲平话的人）加以铺叙、衍义，即我们俗话说的"添油加醋"、"添枝加叶"，这就是一种虚构的创造了，然后再由文人加工整理，给予出版定型。这个过程，有时甚至要经历几十年之久。

就这样的厚积与久积，到了明清时代，才一齐爆发出来，构成了一个较长时期的繁荣景象。于是，平话，从酒肆茶馆戏场这样的民间底层走上了文坛，取得了与唐诗、宋词、元曲并列的地位。中国的"四大名著"中的《三国演义》《水浒传》《西游记》三部作品，都有这样一个过程，唯独《红楼梦》，源于作者根据自己人生经历而独立创作。

明代的长篇小说按题材和思想内容，可概括为以下几类：

1. 历史演义小说

它是由宋元说话艺术中的讲史一类发展而来的。历史演义以一朝一代的历史事实作基础，吸取野史杂说和民间传说的内容，敷演扩大而成。"三分事实，七分虚构"是其特点。元末明初罗贯中的《三国演义》是最典型的历史演义小说，也是中国的第一部历史演义小说，代表了历史演义小说的辉煌成就。在它的影响下，历史演义大量出现，内容差不多涵盖了从远古传说时代到汉晋唐宋，较著名的有《列国志传》《全汉志传》《唐书志传通俗演义》等，其中以冯梦龙改编的《新列国志》成就较高，影响也较大。

2. 英雄传奇小说

它也是在宋元讲史的基础上发展起来的，与历史演义小说的不同之处在于它不拘泥于一朝一代的历史事件的演变，而是以描写理想化的传奇式的英雄人物为主，虚构的成分较多。明初施耐庵所著的《水浒传》是其中的代表作品，标志着中国古典小说现实主义艺术趋于成熟。明中叶以后，产生了不少英雄传奇小说，较著名的是万历年间熊大木所著的《北宋志传》和无名氏所作的《杨家府演义》。此外，郭勋的《皇明英烈传》和袁于令的《隋史遗文》也是明后期影响较大的英雄传奇作品。

3.神魔小说

这类小说受到宗教不同程度的影响，内容涉及鬼神魔怪，充满奇异的幻想。吴承恩的《西游记》是神魔小说中最优秀的一部。《西游记》也是在宋元说话艺术和民间传说的基础上由文人作家加工创作而成的。此外，许仲琳所著的《封神演义》是影响较大的一部。罗懋登的《三宝太监西洋记通俗演义》、董说的《西游补》等也流传较广。

4.世情小说

它是以社会现实生活，尤其是家庭生活为题材，刻画种种世态人情的小说。以《金瓶梅》为代表。《金瓶梅》是中国第一部文人独立创作的长篇小说，它开始摆脱了历史故事、历史传说对小说创作的束缚，转向现实题材，开始对日常生活作细致的描写，这在中国小说发展史上有着重要的意义。《金瓶梅》之后，世情小说表现出两种倾向：一种是在世情描绘中宣扬因果报应思想，如成书于明末的西周生所著的《醒世姻缘传》等；另一种则演化为才子佳人小说，如成书于明末清初的《玉娇梨》《好逑传》等。

5.公案小说

明后期描写冤狱诉讼的公案小说兴起，是社会黑暗、政治腐败与民众渴望清官政治的反映。较著名的公案小说有李春芳的《海刚峰先生居官公案传》和无名氏的《包孝肃公百家公案演义》等。公案小说一般都追求故事情节的离奇曲折而忽视人物性格的着力塑造，艺术上显得粗糙，同时在思想内容上也往往夹杂着鬼神迷信和封建说教。

明代的短篇小说主要是白话短篇小说，明人创作的白话短篇小说是摹拟学习宋元话本的产物，故被称为"拟话本"。现存最早的明人辑印的话本集是《清平山堂话本》。收集白话短篇作品较多而且对后世影响较大的是明末天启年间冯梦龙编辑的"三言"（《喻世明言》《警世通言》和《醒世恒言》）。三书都包括宋元话本和明人的拟话本两部分。其后，凌濛初模仿"三言"创作了《初刻拍案惊奇》和《二刻拍案惊奇》，合称"二拍"，均为拟话本。"三言"、"二拍"是明代白话短篇小说的代表作品。

清代的阶级矛盾、民族矛盾以及思想文化领域的斗争给予小说深刻的影响。从清初到乾隆时期，是小说的全盛时期，代表民主倾向的、真实描写社会现实的作品是这个时期小说的主流，《红楼梦》是它的最高代表。乾隆时期以后到鸦片战争以前，即嘉庆、道光时期，脱离现实、宣扬名教和因果报应的作品大量出现，小说创作呈现委顿、沉闷的景象。清初至乾隆末年（1644年—1795年），小说创作在数量和质量、内容和形式、风格和流派等方面，比前代均有较大发展。历史演义和英雄传奇在清初格外突出，其中的重要作品有《水浒后传》《隋唐演义》《说岳全传》《女仙外史》等，写的是历史和历史人物，表现的却是当时社会被压迫人民和民族的反抗意识。文言短篇小说集《聊斋志异》继承了六朝志怪和唐代传奇的优良传统，是中国文言小说的最高峰。长篇小说《儒林外史》汲取了古代文学中讽刺艺术的营养，展示了一幅广阔的社会生活图卷，是中国古代讽刺文学的经典作品。长篇小说《红楼梦》，描写一个贵族家庭的衰败，反映了当时青年男女对个性自由的要求和与封建制度不可调和的矛盾冲突，闪烁着初步的民主主义精神，是中国古代最伟大的一部现实主义长篇小说。此外长篇小说《绿野仙踪》，话本小说《照世杯》等，也都不同程度地反映了现实生活。嘉庆至道光二十年（1796年—1840年），历史演义和英雄传奇有《说唐演义全传》《万花楼杨包狄演义》等，但思想性和艺术性都不及前期同类作品。还有续《红楼梦》、续《水浒传》等作品，境界与质量一般都不高。

清代小说开创了作家依据自己的生活和经验选材、构思和描写来进行创作的风气，在作品中充分表现作者个人的意愿和理想。在结构、叙述和描写人物各方面，也都臻于成熟。《红楼梦》就是这时期小说的最杰出的代表。

明清是中国小说史上的繁荣时期。从明代始，小说这种文学形式充分显示出其社会作用和文学价值，打破了正统诗文的垄断，在文学史上，取得了与唐诗、宋词、元曲并列的地位。清代则是中国古典小说盛极而衰并向近现代小说转变的时期。

自宋元至明清，产生了长篇小说三百余部，短篇小说数以万计。这些作品以前所未有的广度和深度反映了当时社会生活的各个方面，成为人民群众认识社会和文娱生活的主要文学形式。

最值得一说的是清代产生的著名小说《红楼梦》。

它应当是我们中国自古以来承载着文化基因最多的一部小说。

《红楼梦》一般的说法是成书于清朝乾隆帝的中期（甲戌，1754 年）。

《红楼梦》中的知识之多、之广，可说是前所未有，那里面所讲到的服饰、器用、建筑、园林、饮食、医药、典制、礼俗、哲理宗教、诗词韵文、戏曲、音乐、美术、游艺，无不带着明清及上溯两千多年中国文化的承载，内含着密集的中国文化基因密码。

正是由于那其中的承载太多，没有这方面知识的青年人读起来很难读懂，于是，就有了一部《红楼梦大辞典》来注释，此书竟有 1500 余页，比《红楼梦》本身的字数还多。

让我们来列举《红楼梦》中几个蕴含着中国古代文化基因的例子加以说明。

《红楼梦》中的诗词基因

在第六十三回中，怡红院群芳祝寿，饮酒作诗，惟独妙玉没来，却送来了一张帖子，下面写着"槛外人"三字。宝玉将拜帖取出给岫烟看。

> 岫烟笑道："他这脾气竟不能改，竟是生成这等放诞诡僻了。从来没见拜帖上下别号的，这可是俗语说的'僧不僧，俗不俗，女不女，男不男'，成个什么道理。"宝玉听说，忙笑道：'姐姐不知道，他原不在这些人中算，他原是世人意外之人。因取我是个些微有知识的，方给我这帖子。我因不知回什么字样才好，竟没了主意，正要去问林妹妹，可巧遇见了姐姐。"岫烟听了宝玉的这话，且只顾用眼上下细细打量了半日，方笑道："怪道俗语说的'闻名不如见面'，又怪不得妙玉竟下这帖子给你，又怪不得上年竟给你那些梅花。既连他这样，少不得我告诉你缘故。他常说'古人中自汉晋五代唐宋以来皆无好诗，只有两句好，说道：'纵有千年铁门槛，终须一个土馒头。'所以他自称'槛外之人'。又常赞文是庄子的好，故又或称为'畸人'。他若帖子上是自称'畸人'的，你就还他个'世人'。畸人者，他自称是畸零之人，你谦自己乃世中扰扰之人，他便喜了。如

今他自称为'槛外之人',是自谓蹈于铁槛之外了;故你如今只下'槛内人',便合了他的心了。"宝玉听了,如醍醐灌顶,嗳哟了一声,方笑道:"怪道我们家庙说的是'铁槛寺'呢,原来有这一说。姐姐就请,让我去写回帖。"岫烟听了,便自往栊翠庵来。宝玉回房写了帖子,上面只写"槛内人宝玉熏沐谨拜"几字,亲自拿了到栊翠庵,只隔门缝儿投进去便回来了。

在以上这样一小段话里,就内含着大量的基因要素。

1. "僧不僧,俗不俗,女不女,男不男":这是我们平常所说的俗话,但是也是引经据典了的。《西厢记》第二本《楔子》惠明唱词:"(滚绣球)我经文也不会谈,逃禅也懒去参;……别的都僧不僧,俗不俗,女不女,男不男,只会斋得饱也只向那僧房中胡渰,哪里管焚烧了兜率也似伽蓝。则为那善文能武人千里,凭着这济困扶危书一缄,有勇有渐。"

2. "纵有千年铁门槛"诗:这是南宋范成大的一首诗,名为《重九日行营寿藏之地》,诗曰:"家山随处可行楸,荷锸携壶似醉刘。纵有千年铁门槛,终须一个土馒头。三轮世界犹灰劫,四大形骸强首丘。蝼蚁乌鸢何厚薄,临风拊掌菊花秋。"唐·李绰《尚书故实》中有载,南朝陈·智永禅师居吴兴永福寺,人来觅书者如市,户限为穿穴,乃以铁叶裹之,谓"铁门限"。在诗中喻生死界限。土馒头,比喻坟堆。妙玉赞赏这两句诗是从禅理佛性着眼。自号为"槛外人"就是跳出世俗红尘的意思。贾府中的"铁槛寺"也有这个意思。

3. 畸人:行事乖僻、与世俗礼仪相悖逆的人。《庄子·大宗师》载:"孔子曰:'畸人者,畸于人而侔于天。故曰,天之小人,人之君子;人之君子,天之小人也。'畸人,不羁之人。修行无有,而疏外形体,乖异人伦,不耦于俗。率其本性,即与世俗格格不入的人,妙玉因赞赏庄子之文,所以自称为"畸人"、"槛外人"。

请看,仅上面这一小段叙述,就涉及了如许多的历史知识与典籍故事。有庄子的,也有孔子的,有唐代的、宋代的,也有元代的。如若曹雪芹不是那么博学,是绝对写不出《红楼梦》来的,不,就连写一个章节都困难。

《红楼梦》中的医药典故

在第八十三回中，林黛玉生病，贾母决定请一个大夫来给贾玉和黛玉看病，其中就有这样两段描写：

到了次日，大夫来了，瞧了宝玉，不过说些饮食不调，着了点风邪，没大要紧，疏散疏散就好了。这里王夫人凤姐等一面遣人拿了方子回贾母，一面使人到潇湘馆告诉说大夫就过来。紫鹃答应了，连忙给黛玉盖好被窝，放下帐子。雪雁赶着收拾房里的东西。一时贾琏陪着大夫进来了，便说道："这位老爷是常来的，姑娘们不用回避。"老婆子打起帘子，贾琏让着进入房中坐下。贾琏道："紫鹃姐姐，你先把姑娘的病势向王老爷说说。"王大夫道："且慢说。等我诊了脉，听我说了看是对不对，若有不合的地方，姑娘们再告诉我。"紫鹃便向帐中扶出黛玉的一只手来，搁在迎手上。紫鹃又把镯子连袖子轻轻地搂起，不叫压住了脉息。那王大夫诊了好一回儿，又换那只手也诊了。便同贾琏出来，到外间屋里坐下，说道："六脉皆弦，因平日郁结所致。"说着，紫鹃也出来站在里间门口，那王大夫便向紫鹃道："这病时常应得头晕，减饮食，多梦，每到五更，必醒个几次。即日间听见不干自己的事，也必要动气，且多疑多惧。不知者疑为性情乖诞，其实因肝阴亏损，心气衰耗，都是这个病在那里作怪，不知是否？"紫鹃点点头儿，向贾琏道："说的很是。"王太医道："既这样就是了。"说毕起身，同贾琏往外书房去开方子。小厮们早已预备下一张梅红单帖，王太医吃了茶，因提笔先写道：

六脉弦迟，素由积郁。左手无力，心气已衰。关脉独洪，肝邪偏旺。木气不能疏达，势必上侵脾土，饮食无味，甚至胜所不胜，肺金定受其殃，气不流精，凝而为痰；血随气涌，自然咳吐。理宜疏肝保肺，涵养心脾，虽有补剂，未可骤施。姑拟黑逍遥以开其先，复用归肺固金以继其后。不揣固陋，俟高明裁服。

又将七味药与引子写了，贾琏拿来看时，问道："血势上冲，柴胡使得么？"王大夫笑道："二爷但知柴胡是升提之品，为吐衄所忌，岂知用鳖血拌炒，非柴胡不足喧少阳甲胆之气。以鳖血制之，使其不致提升，且能培养肝阴，制遏邪火。所以《内经》说：'通因通用，塞因塞用。'柴胡用鳖血拌炒，正是'假周勃以安刘'的法子。"贾琏点头道："原来是这么着，这就是了。"王大夫又道："先请服两剂，再加减或再换方子罢。我还有一点小事，不能久坐，容日再来请安。"说着，贾琏送了出来，说道："舍弟的病就是那么着了？"王大夫道："宝二爷倒没什么大病。大约再吃一剂就好了。"说着，上车而去。

作为一个作家以大夫的名义给一个人治病，当然会牵涉到那个时候的看病方法与药学知识。从这里我们可以看出清朝医生的严肃态度，仅其病因、处置方案、宜忌医嘱，都十分详细。最后还谦虚地说要请高明"裁服"，真是认真之极。当然，如果给平民看，或许请不到这样的名医，也没有如此详尽的"前缀词"，这些，我们且不去管它。只是其中讲到了五行知识，生克之道，那就必须得有很深的医学功底方能写得出来。说不定我们普通的人，要写好这一段，非得用一个月专门学习中医知识才能做到，可见曹雪芹在这方面所继承的医学基因也是雄厚丰硕的。

对于上面的诸多医理医药学知识，我们还得加一些补充与注释才能够读懂。

1.六脉皆弦。左右两手，都有寸、关、尺三脉，加起来为六脉。脉弦是中医诊断中脉象的一种，按之有如琴弦，端直而长，指下挺然。若脉弦细而濡，为湿温初起，邪阻气分之候。若脉弦而数，多为热郁少阳，胆火炽盛之象。若弦而滑，则多为温病夹痰之象。脉弦劲而数，则主热邪亢盛，肝风内动之象。

2."木气不能疏达，势必上侵脾土，饮食无味，甚至胜所不胜，肺金定受其殃。"

中医总是把人体内的五脏六腑与五行——"金木水火土"相对应。以五行应合五脏，肝属木，脾属土，肺属金，心属火，肾属水。当肝气得不到疏达，郁积而至气盛，按相克的关系而侵犯脾脏（木克土），脾土损，自然影响到消化机能，出现饮食无味等症状。而肝木气盛太过或化火，则肺金出现"胜而不胜"的反克现象。

3.《内经》：上述的中医理论，都是根据《内经》而来。所谓《内经》，始见于《汉书·艺文志》，原有《黄帝内经》《白氏内经》数种，现仅存《黄帝内经》一种。王太医看病所用理论，都是根据《内经》而来的。此书假托黄帝所著，经后人考证其实为汉哀帝（公元前 6 年）之前的中医学术汇集而成，其中以战国、秦时的论述为多，由汉成帝时的刘向父子传校于世。

4. 黑逍遥是一味中药的名字，即黑逍遥散。系逍遥散加生地熟地组成。而逍遥散的成分是甘草、当归、茯苓、芍药、白术、柴胡、烧生姜、薄荷等（出自《和剂局方》）。此药治血虚劳倦、五心烦热、头目昏重、心忪颊赤、口燥咽干、发热盗汗、减食嗜卧等，又疗室女血溺阴虚，荣卫不和、痰咳潮热、肌体瘦弱、渐成骨蒸等肝郁血虚等症。

5. 鳖血炒柴胡，鳖即甲鱼，其血性寒，有和肝、滋阴、养肝血之功效。用鳖血炒柴胡是一种中药的制作方法，鳖血、黄酒各用四两，与柴胡一斤搅拌匀，晒干了备用；鳖血炒柴胡是以一斤柴胡片加一斤重的活鳖鲜血，兑水少许，拌匀后用微火炒干备用。中药的理论是：柴胡能入肝经，有疏肝解郁的作用，但因其亦有散发的功效，能散热升阳，故属于提升之品。经过鳖血拌炒，就压制了升散作用，所以王太医讲了"假周勃以安刘"。这个典故出自《史记·绛侯世家》。汉高祖刘邦曾说："周勃厚重少文，然安刘氏者必勃。"而实际上，刘邦死后，吕后执政，造成了诸吕专权的局面。吕后侄吕产、吕禄分掌南北军，几危汉室。吕后死后，周勃与陈平等共议诛后，最后成功，即借助周勃的力量安定刘氏天下。这里把鳖血比喻成周勃，借用它来夺制柴胡的提升作用，假是借的意思。

请看，曹雪芹这里所用的医学知识，可以上溯到汉朝的《史记》与《内经》，或者倒过来说，是汉代甚至更前的文学、历史、医学等知识传承到了《红楼梦》中，成为我们中国人的宝贵遗产，并且借着这部小说再传递下去。

《红楼梦》中的音乐基因

在《红楼梦》第八十七回"感秋声抚琴悲往事　坐禅寂走火入邪魔"中，有宝玉与妙玉一起去听琴的叙述。这就涉及音乐方面的知识了，请看以下描写：

于是二人别了惜春，离了蓼风轩，弯弯曲曲，走近潇湘馆，忽听得叮咚之声。妙玉道："那里的琴声？"宝玉道："想必是林妹妹那里抚琴呢。"妙玉道："原来他也会这个，怎么素日不听见提起？"宝玉悉把黛玉的事述了一遍，因说："咱们去看他。"妙玉道："从古只有听琴，再没有'看琴'的。"宝玉笑道："我原说我是个俗人。"说着，二人走至潇湘馆外，在山子石坐着静听，甚觉音调清切，只听低吟道：

风萧萧兮秋气深，美人千里兮独沉吟。
望故乡兮何处，倚栏杆兮涕沾襟。

歇了一回，听得又吟道：

山迢迢兮水长，照轩窗兮明月光。
耿耿不寐兮银河渺茫，罗衫怯怯兮风露凉。

又歇了一歇，妙玉道："刚才'侵'字韵是第一叠，如今'阳'字韵是第二叠了。咱们再听。"里边又吟道：

子之遭兮不自由，予之遇兮多烦忧。
之子与我兮心焉相投，思古人兮俾无尤。

妙玉道："这又是一拍，何忧思之深也！"宝玉道："我虽不懂得，但听他音调，也觉过悲了。"里头又调了一回弦，妙玉道："君弦太高了，与无射律只怕不配呢。"里边又吟道：

人生斯世兮如轻尘，天上人间兮感夙因。
感夙因兮不可惙，素心如何天上月。

妙玉听了，呀然失色道："如何忽作变徵之声？音韵可裂金石矣。只是太过。"宝玉道："太过便怎么？"妙玉道："恐不能持久。"正议论时，听得君弦嘣的一声断了。妙玉站起来连忙就走。宝玉道："怎么样？"妙玉道："日后自知，你也不必多说。"竟自走了，弄得宝玉满肚疑团，没精打彩的归至怡红院中，不表。

一段听弹琴的文字，内中又牵涉出许多音乐方面的知识来。

1. 四叠：即一共是四章、四段。叠，照乐章限定的格式，曲调重奏一次或文辞再添一章，为"一叠"，此处是指文辞有四段。

2. 君弦：指初弦、大弦，古琴近徵一侧的第一弦。蔡邕《琴操》曰："大弦者君也，宽和而温；小弦者臣也，清廉而不乱。"君弦最粗，奏者以此弦确定音高，如定得过高，则后面各音演奏就有困难，故书中的"君弦太高了，与无射律只怕不配呢"的担忧，可谓深谙乐理之言。

3. 无射律：十二律之一。律，此处指乐章的音高标准。十二律，我国古代音乐的律制，即用三分损益法将一个八度分为十二个不完全相等的半音的一种律制。各律从低向高依次为：黄钟、大吕、太簇、夹钟、姑洗、中吕、蕤宾、林钟、夷则、南吕、无射、应钟。无射律音阶较高。宋·赵彦肃《唐开元十二诗谱》中有注："无射清商，俗呼越调。"这意思是说南方的越剧调门都柔和，无高音。

4. 变徵：古代七声音阶的第四音。乐曲以宫音为起点的叫宫调式，经变徵音为起点的叫变徵调式。调式与音乐效果密切相关。变徵调式一般易造成悲怆激越的音乐氛围。荆轲使秦，"为变徵之声，士皆垂泪涕泣"。林黛玉忽作变徵之声，说明了她要发出心中的悲怆之声。

可见，这里的音乐理论就是古老中国的音乐传承，记载着太多的音乐基因。而作为作家的曹雪芹，只有懂得了这些才能加以引用，不然，一句话说不到"内行"里去就要出笑话。由此可见曹雪芹在这方面也是行家里手，同时说明他已继承了从春秋战国到宋元明清的音乐的基因。

《红楼梦》中的美术基因

在《红楼梦》第八十九回中，宝玉到黛玉房里，看到房间里新挂了一幅《斗寒图》，有这样一段描写：

　　宝玉同着紫鹃走进去，黛玉却在里间呢，说道："紫鹃，请二爷到屋里坐罢。"宝玉走到里间门口，看见新写的一付紫墨色泥金云龙笺的小对，上写着："绿窗明月在，青史古人空。"宝玉看了，笑了一笑，走入门去，笑问道："妹妹做什么呢？"黛玉站起来迎了两步，笑着让道："请坐，我这里写经，只剩得两行了，等写完了再说话儿。"因叫雪雁倒茶，宝玉道："你别动，只管写。"说着，一面看见中间挂着一幅单条，上面画着一个嫦娥，带着一个侍者，又一个女仙，也有一个侍者，捧着一个长长儿的衣囊似的，二人身边略有些云护，别无点缀，全仿李龙眠白描笔意，上有"斗寒图"三字，用八分书写着。宝玉道："妹妹这幅《斗寒图》可是新挂上去的？"黛玉道："可不是，昨日他们收拾屋子，我想起来，拿出来叫他们挂上去的。"宝玉道："是什么出处？"黛玉笑道："眼前熟得很的，还要问人。"宝玉笑道："我一时想不起，妹妹告诉我罢。"黛玉道："岂不闻'青女素娥俱耐冷，月中霜里斗婵娟。'"宝玉道："是啊，这个实在新奇雅致，却好此时拿出来挂。"说道，又东瞧瞧，西走走。

就这么一小段，又有许多注释需要加添。

1. 紫墨色泥金云龙笺：

　　这是一种用金粉或金色笺装饰的所谓"销金笺"。紫墨是色笺底色，云龙乃金线图案，亦有用白芨水调云母粉再用姜黄汁，经各式花板平放色笺上浅印之，亦名"销金笺"。都属金银印花纸，是一种高级书写纸。大多用于写对联或寿屏用。宋以前已有，明有专为"大内"（皇宫）所制的印金花五色笺。

2. 仿李龙眠白描笔意：

　　这是一幅仿李龙眠的白描仕女作。李龙眠即李公麟，字伯时，辞官后隐居龙眠山庄，自号"龙眠居士"，故后人称他为李龙眠。安徽舒城人，为北宋著名的人物仕女及释道、鞍马画家。善用线描，多不设色，号为"白描"。只称其"不施丹青而光彩照人"。明代何良俊《四友斋丛说》云："人物白描有二种，赵松雪出于李龙眠，李龙眠出于顾恺之，此所谓铁线描；马和之、马远则出于吴道子，此所谓兰叶描也。"李龙眠传世之作，有《九歌图》《维摩诘像》《五马图》等。

3. 斗寒图：

根据唐代诗人李商隐之诗意绘成。李商隐有诗《霜月》云："青女素娥俱耐冷，月中霜里斗婵娟。"所以名其为《斗寒图》。青女乃传说中的"青霄玉女"，主管霜雪的女神，素娥则是月中嫦娥的别称。明清两代，类似这样的仕女图很多。

4. 八分书：

自古以来，对于八分书的说法众说纷纭。汉末蔡琰述其父蔡邕语谓"去隶八分取二分，去篆二分取八分"。唐代张怀瓘《书断》以为"若八字分散"故曰八分；元代吾丘衍《字源七辩》云："八分者，汉隶之未有挑法者也。"……著名书法家王蘧常先生认为："八分不过是隶书之一种，隶书可以包之，故前人论隶只言隶释、隶续、隶韵等，不别言八分也。"说了半天，我们还是不懂，而实则，汉隶书的结构、用笔，各有姿态。大致西汉时结构谨严，体态庄重，到了东汉则突出波磔、姿态潇洒，各有其长，但都属隶书书法范畴。而魏晋人以楷为隶，以隶为八分。所以有说王羲之善隶书，实质是今天的楷书。那我们就这样理解好了：八分书就是隶书。

就这样一小段文章，就有如此多的知识需要讲解，可见作为作家的曹雪芹，必先懂得这些知识、典故，方能够运用自如。

好了，我们不必再举例下去了。因为整部《红楼梦》，像这的知识多到不计其数。

有人统计了一下，《红楼梦》里，从开天辟地的人物到中华民族的开国祖先直到明朝，光文史人物就提到了250余个，其中涉猎的词语典故，有1000余条，在过去，我们都佩服曹雪芹的博学，上至天文，下至地理，从房屋建筑、吃穿住行、到诗词歌舞、人情世故，什么都懂，像这样博士学者型的作家在今天的中国也找不出几个来。但今天我们从另一个角度去看，会得出另外的一个结论：在《红楼梦》这部书中，已经承载了中国历朝历代的无数个文化的基因，因此它才能成为中华民族的伟大著作。而凡是承载历史基因越多的著作，就越可能是宏制巨著，越具有深远的内蕴。

这个特点我们可以从当代流行歌曲中也可以领略到。

听一听那首《涛声依旧》吧：

带走一盏渔火，让他温暖我的双眼

留下一段真情，让它停泊在枫桥边

……

月落乌啼，总是千年的风霜

涛声依旧，不见当初的夜晚

这首歌，正是因为有一首唐代张继的《枫桥夜泊》"月落乌啼霜满天，江枫渔火对愁眠。姑苏城外寒山寺，夜半钟声到客船"的存在作为依托，才变得深邃无比；而歌曲《松花江上》，也是因为有了日军侵占我国东北，数千万的东北人流离失所作为背景而令人听之落泪，这在歌词的写作中叫作"空筐结构"，凡是后面空着的篮筐愈大（可容纳的内涵愈大），令人展开的联想面就愈深。同样地，曹雪芹的著作正因为有了那么多古代的基因才厚重无比，哪怕我们读它一百一千遍，觉得还是弄不懂，还有许多知识可以吸收，这就是它饱含历史基因的意义所在。

植物学角度探秘《红楼梦》作者之谜

许多人都知道，《红楼梦》的前八十回与后四十回恐非一个人所写。前八十回的作者是曹雪芹，后四十回的作者是高鹗。

因为凡是仔细地读过《红楼梦》的读者，总是感到后四十回读起来差那么点"劲"，差那么点"滋味"，而且与前回作者想要印合的结局与最后的结果并不一样。

对于这个问题，学术界还有几种争论：

1. 认为程伟元所续。

2. 程伟元、高鹗合续。

3. 无名氏所续。

4. 基本为曹雪芹原稿，程、高修补。

这几种意见中，影响最大的，为高鹗续书说。

还有一种说法，《红楼梦》前八十回的作者应是脂砚斋（曹頫）。四十回的著作权，也应判归脂砚斋（曹頫）。曹頫，是曹雪芹之父也。

有专家认为，后四十回的作者问题本来并不难解决，程伟元在程甲本的序言上就说得很明白：

"然原本目录一百二十卷,今所藏只八十卷,殊非全本。既间有称全部者,及检阅仍只八十卷,读者颇以为憾。不佞以是书既有百二十回之目,岂无全璧?爰为竭力搜罗,自藏书家甚至故纸堆中,无不留心。数年以来,仅积有二十余卷。一日,偶于鼓担上得十余卷,遂重价购之。

欣然翻阅,见其前后起伏尚属接榫,然漶漫不可收拾。乃同友人细加釐别,截长补短,钞成全部,复为镌板,以公同好。《石头记》全书至是始告成矣。"

在程乙本上,还有程、高合写的引言:

"书中后四十回系就历年所得,集腋成裘,更无他本可考。惟按其前后关照者,略为修辑,使其有应接而无矛盾。至其原文,未敢臆改。

俟再得善本,更为厘定。"

但是胡适先生偏偏不相信程、高自己所说的话,怀疑他们在撒谎,从而非得把后四十回的著作权判归给了高鹗。

这个争论还在继续,我们且不去说它,现在有一位作家站出来说,《红楼梦》后四十回是不是曹雪芹所写的,植物会告诉你,这就是说,植物会说话。

这个作者是台湾教授潘富俊先生,他是《草木缘情:中国古典文学中的植物世界》的写作者,他的观点是:《红楼梦》一百二十回,第一个四十回出现的植物平均数为 11.2 种,第二个四十回为 10.7 种,第三个四十回只有 3.8 种,因此他判断,后一个四十回不是曹雪芹所写。

潘先生告诉我们,中国历代的章回小说,在描写中都避不开连带植物的描写与类比,例如宝玉的怡红院里种有岁寒三友;而定名潇湘馆,就是以潇湘竹代表林黛玉;安排史湘云醉卧芍药丛,也是以芍药花借比史湘云的美貌与性情。

事实上,直到清代,几乎所有的长篇小说都没办法避开植物,有的甚至不惜笔力,分外强调植物的存在感。例如小说《西游记》在第三十六回"心猿正处诸缘伏,劈破傍门见月明"中,有一首唐三藏抒发情怀的诗。其诗曰:"自从益智登山盟,王不留行送出城。路上相逢三棱子,途中催趱马兜铃。寻坡转涧求荆芥,迈岭登山拜伏苓。防己一身如竹沥,茴香何日拜朝廷?"这首诗选用了益智、王不留行、三棱子、马兜铃、荆芥、茯苓、防己、竹沥、茴香等九味植物中药材。虽然药的功能与诗的内容无关,但这些药名却揭示了《西游记》的情节,颇值玩味,也表示了作者丰富的学养。

潘富俊是植物学家，对中国古典文学造诣亦深，他来解读文学中的植物与植物密集的文学，自然得天独厚而权威。他的统计分析数据细化到古代典籍的每章，每首诗词，植物种类出现数量到个位数，可见其严谨的科学态度。所涉及植物，分科属，叙形状，考来历，明分布，述用途，更有大量精美图片。同时引出名著名诗，令人目不暇接。

潘先生采用这样一个独到的角度来看待《红楼梦》，就是说明《红楼梦》中存在着这样一个基因位点——植物的基因位点，通过对这个位点的观察，可以分析出作者对于植物的熟悉与内行的程度。

我们通常认为，一个具有相当功底的作家，他本身擅长哪个方面，总会有意无意地在作品中"卖弄"这方面的知识；如果这个作者缺少了这方面的素养，他就避道而行，不敢在这方面"显摆"以露怯。由于曹雪芹掌握的植物知识太丰富了，顺手拈来就能妙笔生花，所以《红楼梦》中不乏花草树木的兴比。而第一个四十回与第二个四十回植物出现的比例相差无几，即 11.2∶10.7，所以，他认为这两大回合的文字是一人所为。而第三个回突然锐减到 3.8，这颇有些不正常，所以这最后的一个"尾巴"恐怕是狗尾续貂了。

这颇有点像刑事侦探学中所说的那样，任何证据都能说话，一部文学作品中能给人们提供数以千计的"指纹"与"DNA"，我们通过对这些特征的识别，便可以真正认识作者与作品的"这一个"而非"那一个"了。

基因的源头产生于特定的时空之中，承继着这个基因的新作品也产生于另一个特定的时空之中，一旦被固定下来了，便是一个永恒。我们只要分析这个"永恒"，一切问题就有了明确的答案。

第十章　著名文物中的文化密码

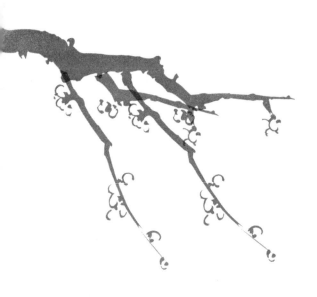

《韩熙载夜宴图》背后的政治风云

世界上最出名的画中，有一幅叫作《蒙娜丽莎的微笑》。

这是 500 年前达·芬奇所画的油画。

据说，这幅画的背后有着 25 个"秘密"。

法国摄影师兼工程师帕斯卡尔·柯特（Pascal Cotte）发明了世界上第一部多光谱相机，因此获得机会在法国政府以及罗浮宫的特许和严密监督之下，拆下"蒙娜丽莎的微笑"的玻璃保护框，进行精密的科学检测。多光谱相机可运用紫外线及红外线拍摄取得高画质影像，使摄影者捕捉到正常情况下肉眼看不见的细节。帕斯卡尔·柯特在罗浮宫花上了三小时，为名作拍下了 13 幅 2 亿4000 万像素、极为精确的照片。这些史无前例高画质的照片终于为世人揭露了 25 个从前肉眼无法看到的秘密。

例如，近几年来人们通过这些高分辨率的照片发现"蒙娜丽莎的微笑"的第 25 个秘密，"蒙娜丽莎的微笑"曾被认为没有眉毛及眼睫毛，现在我们终于可以确定这与事实不符！对要求完美同时又擅长解剖学的达·芬奇来说，不可能因为粗心而忘记画上眉毛和睫毛。在帕斯卡尔·柯特用多光谱相机还原真相之前，很多研究者进行了很多推论，例如年代久远，导致画作模糊了、色泽变淡之类的猜想。而帕斯卡尔·柯特最终用他的高科技在蒙娜丽莎的左眉上找到了一根"眉毛墨迹":"虽然仅仅是一根,都算是证据。"Pascal Cotte 惊喜地说。

我们由此开个头,来说一说中国的画或者文物中埋藏的秘密。

《韩熙载夜宴图》是大画家顾闳中的一幅名作,画于五代十国时期的南唐时代,而这幅画是受命于南唐后主李煜而作。

图 1.南唐·顾闳中·韩熙载夜宴图局部

画作所表现的是主人公韩熙载的夜宴场景。

韩熙载(902 年 – 970 年),字叔言,北海(今山东潍坊)人。唐朝末年,出身名门望族的韩熙载荣登进士第,以擅长文章书画名震一时,后来由于他的父亲因事坐诛,不得不逃奔江南。投顺南唐后,韩熙载历事李昪、李璟、李煜三世,并以其杰出的政治才干而历任秘书郎辅东宫太子、吏部员外郎、史馆修撰兼太常博士、中书侍郎、兵部尚书、光政殿学士承旨等要职。

具有远大政治抱负的韩熙载,本应在政治上大显身手,却不料因为《韩熙载夜宴图》这幅画作的传世,给世人揭示了一个秘密。

有一种流行说法是:在唐后主李煜继位时,南唐国势衰败,而北方的后周则迅速崛起,并有挥师南下一统天下之势。面对北方强敌,李煜本想任用韩熙载为宰相辅佐自己,可又因为韩熙载是北方人而对他猜忌。而韩熙载呢,也深知李煜的不信任。为了避免遭受无端构陷,他开始在生活上疏狂放浪、纵情声色,希望以此来蒙蔽朝廷耳目。即使如此,李煜对他仍不放心,派遣翰林画院待诏周文矩与顾闳中深夜潜入韩宅,窥测其纵情声色、放歌狂饮之场面,然后通过目识心记绘制出了惊世奇画——《韩熙载夜宴图》。

按照今天的说法,就是皇上派出两名探子,偷偷去拍几张照片来。

这几张图讲出来的是中国封建时代的一个普遍事实,一些有才能的大臣或皇子，受到了皇帝的猜忌，都会用寄情于声色来掩盖自己，以减少主上的猜疑，唐高祖李渊未起兵时如此，曹植遭到他哥哥曹丕怀疑时也如此。如果我们有了这一层认识，就知道了在这幅画欢歌升平的背后，还有着君臣猜忌、相互斗法的阴暗背景。

仇英版《清明上河图》与嘉靖被刺案

更有意思的是那幅仇英版《清明上河图》。

2015 年是故宫博物院建院 90 周年，博物院推出一系列精品大展。其中的重量级首展——"石渠宝笈特展"在武英殿书画馆和延禧宫展厅同时开幕，在两个月的展期中，将有近 300 件绝世珍品与观众见面。据统计，其中一天就有8500 人参观武英殿，赏阅了中国第一画《清明上河图》。

《清明上河图》最早是北宋画家张择端存世的一幅精品，现存北京故宫博物院。张择端在宋徽宗赵佶（1101 年—1124 年在位）时期供职翰林画院。

张择端的《清明上河图》中所画的北宋都城汴梁的景象，汴梁就是今天的河南省开封市。

但是，世存的《清明上河图》并非只有这一幅。《清明上河图》有三个版本：一是张择端的真迹，二是明代著名画家仇英画的"仇英本"，三是清代宫廷画家的"清院本"。这就是说，宋代有一个版本，明代又产生一个，到了清代又增添了一个。

不过，仇英对于北宋的《清明上河图》，既未看见过原作，因此也谈不到是临摹，而只是借这个名头，来画明代苏州地区街巷民家生活的自我发挥之作。

仇英版传之今天，在全世界有三十余卷存世。虽说是大同小异，也各有参差，有台湾故宫收藏的版本，有辽宁博物馆收藏的版本，还有一个是民间收藏版（辛丑本）。有专家称，这民间版才是一个祖本。一位叫杜汭的先生在《北京青年报》上发表文章说，他在这个祖本上发现仇英记录了明朝的一桩惊天大案。

按照款识，仇英的《清明上河图》一共画了三年（1542—1545），从 1542年开始起笔，仅仅半年后（11 月 27 日深夜），北京城的皇宫里就发生了一桩大案子，我们暂且称它为"宫女勒杀皇帝案"。

这是历史上一起罕见的宫女反抗事件。当时明世宗嘉靖皇帝朱厚熜信奉道教，为求长生不老药，命方士炼丹。当时迷信，认为未经历人事的童女的经血可保长生不老，因此大量征召十三四岁宫女，并命方士利用她们的经血来炼制丹药。另外，为保持宫女的洁净，宫女们不得进食，而只能吃桑叶、饮露水（像蚕与蝉一样）。所以，被征召的宫女都痛苦不堪。结果，以杨金英为首的宫女们决定反抗。她们趁嘉靖帝熟睡之时，用麻绳勒毙他。谁知在慌乱之下，宫女们将麻绳打成死结，结果只令嘉靖帝昏晕而未毙命。在这时其中一个胆小的宫女因害怕，报告给方皇后。方皇后赶到，将宫女们制服、并下令斩首。而且，连当时服侍嘉靖帝的端妃，也一并斩首。由于此事发生在嘉靖壬寅年（嘉靖二十一年，公元1542年），所以后世史学家称之为"壬寅宫变"。

如此重大的新闻，肯会引起全国性街谈巷议的，此情节落进了仇英的画之中，颇有可能。杜沏在他的文章中说："画家起笔前，正值敕建的大高玄殿完工庆典，沉迷道教的嘉靖帝整日专心此事，所以后宫之中，画家没画一个真正意义上的男人。隔着树石和小桥，两屋高耸宫殿对立。右面宫殿底层庭院中，宫女嫔妃三三两两闲聊，还有三个皇子，顶层众多宫人乐师簇拥中，正襟危坐欣赏舞乐的正是方皇后，两座宫殿距离符合史籍中关于方皇后迅速抵达事发地的记录。左边宫殿虽然更加宏伟，但相较于对面的莺歌燕舞热闹悠闲，这一宫殿里的气氛非常奇怪，一层正面两个大门内，三个宫女在向外窥探，似在望风；最右边这一个宫女手指对面楼阁上的皇后处，与另两人说些什么。她的左上方一女子在弹琵琶，疑为端妃。顶层正面的五个宫女左右观看，呈交谈状。最左面隐秘处，两人窃窃私语，应为杨金英和宁嫔。加上桥上行走的三个宫女，正好与《万历野获编》记载参与此事的18人这一细节吻合。宁嫔和端妃没有子嗣没画皇子、醒目的红衣正是用来表示皇后与宁嫔、端妃等的尊贵身份……情节关系的交代与史书一一对应，图史互证。"①

仇英，号十洲，明代画家，考证约生于弘治甲寅（1494），卒于嘉靖壬子（1552）秋冬之际。与沈周、文徵明、唐寅并称为"明四家"。画此画时，他大约为48岁。

若说北宋的张择端画的是首都开封市民的生活，加个皇宫还差不多；而仇英所画的是苏州区街、运河码头，应不会出现北京的宫殿景观，图中却为何有

---

① 杜沏：《〈清明上河图〉藏着惊天大案》《北京青年报》2016年4月1日B6。

这样奇怪的一部分呢?

明代仇英版的《清明上河图》的第一部分是"郊野的春光",第二部分是"苏州码头",第三部分是"热闹的市区街道",这三个部分都画的是苏州风景,唯独第四部分离开了苏州,画的是"人间仙境"。恍若皇宫,亦似仙宫。

图 2. 明·仇英·清明上河图局部

在这一部分中,河水回绕着整齐的碧瓦朱墙曲折入画;朱墙里面碧波盈盈,金碧辉煌的瀛台伸出于水中,四周朱栏围护。朱门玉阙、彩旗飞扬的龙舟画舫由靓装的仙女操楫荡波,楼馆树石细秀清丽,青绿淡雅。临流最高一楼,黄色鸱吻飞檐、雕梁画栋。有台坛高出于所有建筑之上,似为帝王祀天祈福之所。

画"人间仙境",当然可以将玉树琼楼、宫殿阁宇入画,这正是这画家匠心独运之处。而现在看来,看似"人间仙境",实质是"人间地域",这正是画家借机讽刺明朝朝廷腐败、内宫龌龊的绝佳之笔。

此案还有下文:

方氏,嘉靖十年,册封为嫔妃。此后,又被立为德妃。嘉靖十三年,张后被废,方氏登上了皇后宝座,这是一个工于心计的女人,皇帝并不喜欢她,但她是救驾功臣，一时也奈何不得她。

曹妃颇有姿色，皇帝十分宠爱，封为端妃。杨金英勒皇案发生，方皇后命令太监张佐逮捕叛乱的宫人，说杨金英等人是按照宁嫔指示进行刺杀，曹端妃虽然没有参与，但是肯定也知情。当时皇帝因为受到惊吓，不能说话，所以皇后就以皇帝的名义，把曹端妃、宁嫔，以及杨金英等一同凌迟处死。并且诛杀这些人的亲族。实际上曹端妃并不知情，皇后不过借这次机会除掉这个比她美丽温柔的情敌。皇帝深知曹端妃冤枉，所以隐忍，一直想要替她报这冤杀之仇。嘉靖二十六年某日深夜，皇后所居坤宁宫失火，世宗不许救火，导致方皇后与数百宫女活活烧死。后人推测，这场大火很可能是世宗授意放的。

仇英生活在明朝，如何能够直言不讳说这当朝的宫帷糗事，岂非不要脑袋了？所以，画家便采用了这样一种隐蔽的办法来一舒自己的胸臆。我们大部分人在赏此图时，都当热闹看了，不会看出这埋藏在背后的秘辛来的。

曹雪芹说他写的书："满纸荒唐言，一把辛酸泪。"曹雪芹是把他的一把辛酸泪藏于文字之中，而仇英则是把自己的不满与讽刺隐藏于优美的图画之中，能看出真意的人才算是破译了这幅长图的密码。

史上最多金古墓解密——墓主海昏侯是否真的富有

如果我们分析两千年或一千年前的文章著说、史事传说，除了其中的典籍所载，其他的只是一些臆断与推测，有许多的谬误之处，但我们在现实中没有穿越的本领，只好听任错误流传，不过，有一种行为可弥补若干的缺失，那就是开掘古墓与考古。

最近，海昏侯的古墓被发掘，墓中收集到了许多文物，这为我们对于这位侯爷的了解，解开了许多的谜。

从电视上看到，海昏侯墓已出土了金饼285块、马蹄金48个、麟趾金25枚，还发现了20块金板，计378件，总重量超过了80公斤。这是我们考古以来发现金器数量最多、种类最齐全的一次。

另外，海昏侯古墓出土文物中：还发掘出10余吨五铢钱约有200万枚。车马坑作为侯墓的重要组成部分，出土了实用高等级马车5辆，马匹20匹，错金银装饰的精美铜车马器3000余件，反映了西汉列侯车舆、出行制度。

有人估计，如果把这些文物拿到今天市场上去拍卖，至少在 10 亿元至 20 亿元之间。

所以，许多人都这样认为，这个海昏侯应该是个大富大贵的大王侯。不然，海昏侯为什么有那么多的金子陪葬呢？

其实真的是"不然"！

无论是金镂玉衣也好，金银玉器也好，都反映了这个墓主人富裕的程度。摆阔显富，这自然是墓中充满黄金的最好解释，但是，在海昏侯的墓中，却有些别样的意味。

例如，在这些不一样形状的金子中，有一种金叫酎金，在内棺和外棺之间出土了 90 多块金饼，几块金饼上边写有墨书文字，其中有："南海海昏侯臣贺元康三年酎金一斤"。

酎金是一种什么样的金，有什么用处呢？这中间就埋藏着汉代一个重要的秘密。

刘邦夺得天下之后，非常重视祭祀天地、神祇与祖宗，在他死之后，这种风气就传承了下来。到了汉文帝继位，规定每年八月祭高祖刘邦之庙，所以藩王都要来长安祭祀，这时要喝最好最纯的酒，这酒就叫酎酒。但是诸侯王到皇帝这里来喝酎酒，那不是随便就能喝的，每个王侯必须要向老祖宗献上自己的黄金，这种金子就叫酎金。

但是，无论是吕后，还是汉文帝刘恒，对分封在各地的王侯都是不放心的，他们由于有自己的封地，有臣相与将军，还能豢养军队，所以最高领导者一直怕这些诸侯王会造反，来夺取他们的帝位。

果不其然，汉文帝死后，刘启继任皇帝，称汉景帝。景帝三年（前 154年），62 岁的吴王刘濞联合楚、赵等七国公开叛乱，史称"七国之乱"。这次叛乱，遍及整个关东地区，形成了东方诸侯王"合纵攻汉"的形势，使朝野震惊。

文帝是刘彻（汉武帝）之祖父，景帝则是刘彻的父亲，所以，刘彻掌权之后，把这项制度看得更重。即每到祭祀高祖之时，封王、列侯都要向高祖奉献出酎金。酒是好酒，金子当然也应当是成色最足的金子，99.99% 足赤，如果成色不足，就是欺瞒祖宗，诸侯失县，列侯免国。

尤其有一个重大的教训像达摩克利斯剑一样悬于诸侯王的头顶，那就是汉武帝元鼎六年发生的一桩事件：齐国国相卜式上书请击南越，汉武帝特意赐关内侯爵位，金六十斤，以表嘉奖他的忠心，并布告天下，希望能有更多人响应，然而列侯却对这一事件装聋作哑。汉武帝非常生气，为削夺列侯的爵位，达到惩罚列侯的目的，他授意少府严加审核列侯上交的金子。最终有 106 名侯爵因为金子成色不足丢失爵位；同时拜卜式为御史大夫，位列三公。这就是西汉有名的"酎金失侯事件"。

所以，只要我们看到有"酎金"二字，这说明黄金是绝对的足赤，不会掺假。

图 3.海昏侯墓出土的麟趾金、马蹄金、金饼、金板

那么，这个海昏侯刘贺墓中埋着的"酎金"，又有着什么样的秘密呢？

汉武帝死后，他 8 岁的儿子刘弗陵继位，史称汉昭帝。

汉昭帝当了十三年皇帝就死了。没有儿子，继承皇位出现了问题。

于是昌邑王刘髆的儿子刘贺（汉武帝的孙子）被选上当了皇帝。但是这个人放纵行乐，毫无节制又胡作非为，当了 27 天的皇帝，就使得朝廷诸臣怨声载道，于是辅国重臣霍光与张安世召集众大臣，并秉明太后，罢免了他。之后，皇曾孙刘病已当上了皇帝，史称汉宣帝。

那么，刘贺的下场如何呢？

先是由太后下诏，发配到昌邑居住，赐给他二千户人家。撤销了昌邑国，改为山阳郡。

《资治通鉴》中有这样一段记载：汉宣帝对原昌邑王刘贺很是忌惮，便赐给山阳太守张敞盖有皇帝玺印的文书，命他严防"盗贼"，密切注意来往的人，并命张敞不得将赐书一事泄露出去。于是，张敞将刘贺被废之后的情况以及当时的起居行止一一向汉宣帝奏报，报文中说：原昌邑王肤色青黑，眼睛很小，鼻梁塌陷，眉毛胡须都很稀少，身材高大，因曾中风而行走不便，我曾经与他交谈，想乘机观察他的内心活动，便借用一种恶鸟引诱他说，昌邑地区猫头鹰很多。原昌邑王说：是啊，以前我西至长安，一只猫头鹰也见不到；回来时，走到济阳，才重又听到猫头鹰的叫声。仔细观察他的衣着、言语、举止行动，就像一个白痴一样。我曾经对他说：令尊昌邑哀王的歌舞宫女张脩等十人都没有儿女，一直留守哀王的墓地，请你放她们回家吧。他听到后说：宫女守墓，有病的不给医治，相互打架杀伤的也不必处置，让她们早早死光就是了，太守何必要放他们走呢？可见其天性如此，不懂得什么叫仁义。于是，汉宣帝不再忌惮他。

元康三年（公元前63年）三月，汉宣帝下诏封原昌邑王刘贺为海昏侯。并规定"不宜得奉宗庙朝聘之礼"，即刘贺不仅不能到京朝觐天子，更不能拜祭宗庙，成为一个不完整的列侯。

到豫章就国的刘贺，一直生活在宣帝的监控之下。几年后在从扬州刺史那里得知"贺与故太守卒史孙万世交通"后，宣帝马上"制曰：削户三千"，使刘贺仅余千户食邑。很快，神爵三年（前59年）刘贺去世，豫章太守建议海昏侯除国，朝中"皆以为不宜为立嗣，国除"。

刘贺死后如何埋葬，汉史文献中没有记载，但在略晚的文献却有隐约记述。如《三国志·魏书·三少帝纪》载，公元260年在"高贵乡公卒"后，"皇太后令曰：……昔汉昌邑王以罪废为庶人，此儿亦宜以民礼葬之"，与此相同的记述尚见《晋书·帝纪》及后世转引。这里"亦宜以民礼葬之"的"亦宜"表明，在刘贺去世310年后的曹魏时期，社会上层还流传着刘贺以庶人（平民）埋葬的这个说法。

但是，现在发掘的刘贺墓，却有那么多的金子与玉器，实属富可敌国，这与传说的情况相差极大，这是什么原因呢？

刘贺被封海昏侯4年后就去世了，而且最后的食户仅只千户，所以的确是个"贫困户"，但是他的老爹刘髆在昌邑王的位置上一共做了十一年，还是搜利了不少钱财的。这些钱财先被没收，后来尊太后的懿旨，又全部发还给了刘贺，所以刘贺也是很有些存款的。再者，从刘贺准备的酎金来看，他还是十分认真地铸造着、准备着，以备上贡，但是皇帝不让他到京城去献金，那有什么办法？这酎金已经铸就，刘贺是万不敢毁也万不敢用的，最后只能埋到棺材中去了事。扣除了这些钱，他还真是一个"贫困户"。

海昏这个县名，大概是湖海西岸边的指称。海，说得是彭蠡泽，即鄱阳湖的前身；昏，就是西方的意思，太阳落山的方向天刚黑的时候称黄昏，就是这个意思。当然，也还有昏聩、昏庸，即神智不清楚或头脑发昏的意味在里面。

就位置与地域而言，刘贺所处的是海西之地（鄱阳湖够大，在那个时候以为是海），是为海昏之一；他的行为、做派利令智昏，又得过一次中风，神志不清，是为海昏之二；他死后，昌邑国撤销，是为海昏之三；汉宣帝对他既警惕又看不起他，封一个侮辱性的名称更解气（像南唐后主李煜被宋太宗俘虏之后，封的是"违命侯"），这是海昏之四。所以在这个侯名中我们能嗅到许多的气息。

但是，在这些史载中，我们也能看出一些似真若假的情况来。

例如刘贺只当了27天的皇帝，但在弹劾他的时候，竟然收集了他1127件荒唐的事（罪状）。这也就是说，刘贺平均每天干40多件坏事，即每小时做两事（连睡觉时也不休息），他有如此高的犯罪频率吗？自然，这里面有着众官员重复罗列的罪状，但为什么有这种群起而上告的现象呢？是否是霍光在背后操纵的结果？

还有一件事他做得有些傻气，他从昌邑国带来的亲信就有200多人，都想争个官儿当当，若是这些人都任用了，哪还有京城官员的位置？而且这个主政的霍光是迎立他的有功之臣，他没有感激之至，或者说没放在眼里。霍光与京官们哪里能够容得下他？于是，霍光快刀斩乱麻地请准太后把他废了。这里还得提醒读者的是内中有一个思考的"黠点"，即上官皇太后年仅十五岁，是霍光的外孙女。霍光若是去说个事，那太后还不说："姥爷，你咋说咋办吧，别啰唆了，回来时给俺带串冰糖葫芦来。"

所以，也有史学家说，这个汉朝的换帝案中有些说不清的东西，海昏侯其实不昏（张太守考察他的时候也可能装昏），他5岁时袭父刘髆封为昌邑王，在位13年。公元前74年六月霍光等迎立他继位，那时他18岁，年幼无知是有的，但绝不至于昏庸。

因此，我们对于这次的考古，如果能够解剖这样两个词——"海昏"与"酎金"，几乎也就破解了这其中的基因密码了。

原来，这个海昏侯是一个最贫穷的侯爷，却搞了一个最富有的墓葬。

后　记

　　本书是"密码"系列的第二部。第一部书《朝代兴替的天候密码》已于2015 年在中国文联出版社出版。在此书设想与写作过程中，得到了许多挚友的支持，他们是陈楚人先生，陈立钻先生、孙星炎先生、罗伟凡先生、张克敏女士，特在收笔之际，再次一并致以躬谢！

图书在版编目（CIP）数据

中国文化的基因密码 / 王颖著 .-- 桂林：漓江出版社，2017.6

ISBN 978-7-5407-8095-1

Ⅰ.①中… Ⅱ.①王… Ⅲ.①文化史—研究—中国 Ⅳ.① K203

中国版本图书馆 CIP 数据核字（2017）第 109568 号

中国文化的基因密码

作　　者：王　颖
策划统筹：符红霞
责任编辑：关士礼　王成成
责任监印：周　萍

出 版 人：刘迪才
出版发行：漓江出版社
社　　址：广西桂林市南环路22号
邮　　编：541002
发行电话：0773-2583322　010-85891026
传　　真：0773-2582200　010-85892186　　邮购热线：0773-2583322
电子信箱：ljcbs@163.com
　　　　　http://www.Lijiangbook.com
印　　制：北京大运河印刷有限责任公司
开　　本：715×960　1/16　印　张：10.75　字　数：150千字
版　　次：2017年6月第1版　印　次：2017年6月第1次印刷
书　　号：ISBN 978-7-5407-8095-1
定　　价：38.00元

漓江版图书：版权所有，侵权必究
漓江版图书：如有印装质量问题，可随时与工厂调换